itinéraires de découvertes

LE PÉRIGORD

TEXTE
HERVÉ BRUNAUX

PHOTOGRAPHIES
ALAIN DEVISE

Éditions Ouest-France

0
10 km
PÉRIGORD VERT
PÉRIGORD BLANC
PÉRIGORD NOIR
PÉRIGORD POURPRE
Limoges
Angoulême
HAUTE-VIENNE
87
CHARENTE
16
CHAR.-MAR.
17
19
CORRÈZE
Brive-la-Gaillarde
GIRONDE
33
47
LOT-ET-GARONNE
46
LOT
Cahors
Dordogne
Périgueux
Bergerac
Sarlat-la-Canéda
Nontron
Ribérac
Bussières-Badil
Abjat-sur-Bandiat
Connezac
Mareuil
Vieux-Mareuil
St-Pardoux-la-Rivière
Jumilhac-le-Grand
Thiviers
Vendoire
Verteillac
Brantôme
Bourdeilles
Lanouaille
Vaux
Savignac-Lédrier
Excideuil
Aubeterre-sur-Dronne
Cumond
Villetoureix
Montagrier
Tocane
Segonzac
Savignac-les-Églises
Tourtoirac
Hautefort
Château-l'Évêque
St-Aulaye
La Roche-Chalais
La Jemaye
Servanches
St-Astier
Neuvic
Douzillac
St-Martin-d'Astier
Sourzac
Mussidan
Notre-Dame-de-Sanilhac
StLaurent-sur-Manoire
St-Pierre-de-Chignac
Thenon
Terrasson-la-Villedieu
Condat
Montignac
Losse
St-Geniès
Salignac-Eyvigues
La Douze
Vergt
Villamblard
St-Hilaire-d'Estissac
Pont-St-Mamet
Beauregard
Clermont-de-Beauregard
Ste-Alvère
Le Bugue
Les Eyzies-de-Tayac-Sireuil
Montpon-Ménestérol
St-Martin-de-Gurson
Carsac-de-Gurson
Bosset
Villefranche-de-Lonchat
Lunas
Ginestet
Ste-Foy-de-Longas
Montcaret
Ste-Foy-la-Grande
Tuilières
Trémolat
Limeuil
Lalinde
Beynac-et-Cazenac
La Roque-Gageac
Saussignac
Cours-de-Pile
Couze
Badefols
Molières
Cadouin
Gageac-et-Rouillac
Monbazillac
Sigoulès
Beaumont
Belvès
Domme
Issigeac
Montferrand
Eymet
Monpazier
Besse
Biron
Villefranche-du-Périgord
Dronne
Isle
Auvézère
Vézère
Dordogne
Charente
Vienne
Tardoire
Lot
N 141
N 21
N 89
A 20
A 89
A 62
N 20
D 704
D 708
D 939
D 85
D 710
D 936
D 660
D 933
D 104
D 60
D 911

Sommaire

INTRODUCTION

Périgord pour tous

Périgord pour tous. Ce pourrait être un slogan, mais c'est d'abord le reflet d'une exceptionnelle diversité, qui permet au visiteur, particulièrement choyé par les structures d'accueil, de musarder au gré de son esprit, de ses pas, dans les passionnants méandres d'une histoire fertile en témoignages architecturaux, ou les charmes opulents d'une géographie aux multiples facettes. S'il ne propose ni clapotis balnéaires ni schuss des pentes enneigées, le Périgord dispose d'arguments si séduisants qu'il attire chaque année plus de deux millions d'hôtes, et s'impose en douceur comme indispensable étape, ou bienveillant refuge.

En haut : ***Chapiteaux de l'église de Douzillac.***
À gauche : ***Vers Limeuil, point de jonction entre la Vézère et la Dordogne.***

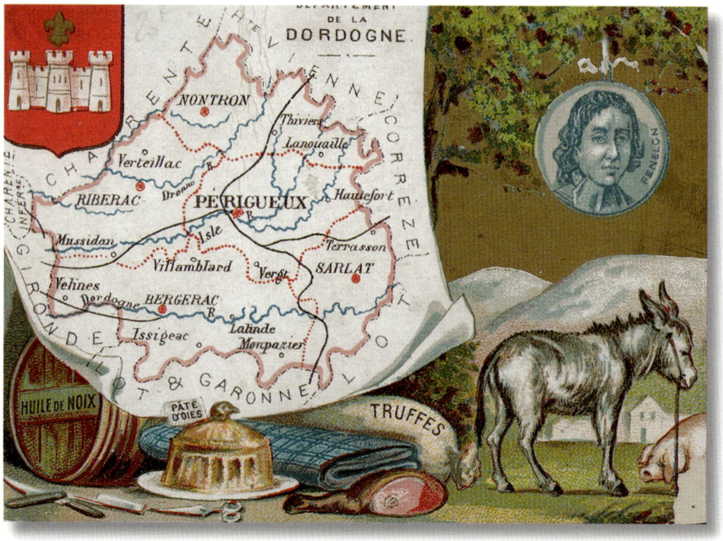

Dès la première moitié du XXe siècle, le département joue la carte touristique de sa réputation gastronomique.
(Coll. Monique Sclaresky)

UN PÉRIGORD PLURIEL

On a pris l'habitude, pour les présentations touristiques, de diviser le Périgord, cette ancienne province recouverte depuis 1790 par le département de la Dordogne, en quatre vastes zones : le Périgord vert, bourrelé de hautes collines et semé de prairies verdoyantes ; le Périgord blanc, qui doit sa couleur aux affleurements calcaires de ses coteaux ; le célèbre Périgord noir, recouvert de sombres forêts de chênes verts ; le Périgord pourpre, comme les lourdes grappes qui le proclament deuxième vignoble d'Aquitaine.

Les cabanes en pierre sèche du Breuil, à Saint-André-d'Allas.
(Photo H. Brunaux)

La réalité géologique s'avère encore plus complexe, et il est malaisé d'appréhender ce Périgord pluriel dans sa globalité.

TOURMENTS ET CONFLITS

Son unité, il est sans doute plus judicieux de la relier aux hommes qui ont forgé son histoire. Des artistes de la préhistoire aux résistants de la Seconde Guerre mondiale, cette terre témoigne encore d'un concentré d'humanité. Située sur une ligne de fracture entre Anglais et Français qui lui vaudra trois cents ans de conflits dénoués en 1453 à l'achèvement de la guerre de Cent Ans, balayée par les tourmentes des guerres de Religion après avoir déjà subi au XIIIe siècle les foudres sanguinaires du chasseur de cathares Simon de Montfort, épuisée par les épidémies, elle a toujours été partagée entre une aspiration à la révolte symbolisée par les jacqueries de ses fiers croquants, et un repli méfiant sur ses traditions, qui lui valut de demeurer longtemps à l'écart de la modernité, mais préserva sans doute les joyaux dont elle se pare encore actuellement. À Sarlat, la ringueta, journée des jeux traditionnels, ou surtout la félibrée, fête itinérante et dernière grande célébration populaire de l'Occitanie avec son folklore fleuri et ses indispensables métiers désuets, sont symboliques de cet attachement à la mémoire – loin de tout passéisme, proclament leurs hérauts.

L'HARMONIE DES PAYSAGES

Périgord vient de « Pétrucores », nom du peuple gaulois qui occupait l'équivalent du département de la Dordogne, formé par deux mots celtiques signifiant « quatre » et « rassemblement d'hommes ». Si nous avons choisi pour ce livre une présentation basée sur le cours des quatre principales rivières, donc des premiers axes de communication, c'est aussi pour vous faire ressentir, derrière l'harmonie reposante des paysages, la palpitation d'une âme séculaire.

Le réseau hydrographique de la Dordogne s'écoule vers l'ouest, et déjà les hommes préhistoriques en parcouraient les vallées nourricières, qui jouèrent un grand rôle économique dans l'histoire moderne, par le transport des marchandises vers les ports atlantiques, et la fourniture d'énergie nécessaire à l'alimentation des forges, des moulins, des papeteries.

Sites troglodytiques, châteaux forts plus tard agrémentés des libéralités de la Renaissance, apparurent pour surveiller et défendre ces couloirs stratégiques, qu'ils constellent aujourd'hui de leurs grâces apaisées.

Alors, que vous contempliez, perché sur le belvédère de Marqueyssac, les grandioses perspectives de la vallée de la Dordogne, que vous succombiez à la tentation sauvage des gorges de l'Auvézère, aux humbles beautés du « patrimoine de pays » ou aux bontés capiteuses du vignoble de Bergerac, que vous vaguiez au long des venelles médiévales de Périgueux ou Sarlat, jamais vous n'aurez ici le sentiment d'arpenter une procession de sites désincarnés. En une alliance subtile entre nature et histoire, scellée de gastronomie généreuse, ce « Périgord pour tous » vous imprégnera de son épicurienne sérénité.

Depuis des siècles, à Hautefort, la vie s'organise au pied du château.

À gauche :
La Dordogne était la principale voie de communication du Périgord avec l'Atlantique.

La Dronne, l'eau alliée à la pierre

La Dronne (ou Drône), loin de ses futures largesses qui feront plus au sud le bonheur des kayakistes, pénètre en Dordogne avec une discrétion qui confine à la disparition, mais ne manque pas de regimber parfois en ruades vigoureuses, comme au Saut du Chalard, près de Champs-Romain. Elle est le cours d'eau emblématique du Périgord vert, qui s'inscrit désormais pour une grande part dans le parc naturel Périgord-Limousin, irrigué de multiples ruisseaux et moucheté d'étangs.

Page de gauche
L'étang de Saint-Estèphe.

Le saut du Chalard.

Une simple poussée suffit à ébranler le colossal roc Poperdu.

LES ATTRAITS DU NONTRONNAIS

À l'ouest de la Dronne, dans la région de Nontron, chaque route tortueuse justifie la couleur attribuée à ce coin du Périgord. D'épaisses forêts de feuillus recouvrent à perte de vue les hautes collines, s'effaçant çà et là en clairières pour laisser paître quelques rousses vaches limousines ou respirer une exploitation agricole.

Ici, la nature n'est pas avare de phénomènes insolites, comme à Saint-Estèphe, près de l'étang de baignade et de pêche, où le ventru roc Branlant oscille avec une légèreté de danseuse sous une pression enfantine, à l'instar de son confrère le roc Poperdu, à quelques centaines de mètres. On nomme Chapelet du Diable l'impressionnant chaos rocheux, mouillé par un ru cascadant, qui succède au roc Branlant.

Le village champignon

Le culte le plus suivi, à Saint-Saud-Lacoussière, est probablement celui du cèpe, auquel est même dédiée une confrérie. Le premier dimanche d'octobre, la fête du Cèpe et du Veau sous la Mère fait saliver toute la contrée. Il faut dire qu'on peut s'y régaler de plats irrésistibles, telle la poitrine de veau farcie aux cèpes...

En Périgord, les cèpes sont si gros qu'ils font trébucher les enfants...

Le château de Mareuil, une des quatre baronnies du Périgord.

Les rappels de l'histoire s'immiscent en permanence au fond abrupt des vallées, sur les plateaux fertiles ou dans les bourgs aux solides pierres granitiques. C'est à Teyjat qu'ont été livrés les plus anciens témoignages, par la grotte de la Mairie et l'abri Mège. Dans la grotte, Pierre Bourrinet et Denis Peyrony ont en 1903 découvert des gravures magdaléniennes, tandis que l'abri révélait en particulier un magnifique andouiller de cerf gravé. La fonctionnelle salle muséographique, qui jouxte la grotte, regroupe des moulures du mobilier et des ossements retrouvés dans les deux cavités.

Au village de Piégut, que colore chaque semaine un marché renommé, se lit une histoire plus récente et pourtant millénaire, qui épouse les lignes élancées du donjon, vestige d'une forteresse du XIe siècle détruite par Richard Cœur de Lion lui-même mortellement blessé non loin de là, durant le siège de Châlus.

Comme partout en Périgord, de nombreux châteaux se dressent encore pour rappeler les années troublées. Celui de Mareuil, qui surveillait la route Périgueux-Angoulême, est la plus septentrionale des quatre baronnies. Restauré partiellement, il ravive

Le donjon de Piégut, vestige d'une forteresse détruite par Richard Cœur de Lion.

Lynchage à Hautefaye

Le petit village de Hautefaye, à la limite de l'Angoumois, a malheureusement marqué les esprits par un épouvantable fait divers. En 1870, la foule, fanatique de Napoléon III, se saisit d'un petit noble du voisinage. « Ce cri de vive l'Empereur ! fut cependant poussé encore une fois sur le sol de la patrie française, il le fut, le 16 août, par la populace de paysans. Pris d'une sorte de folie comme celle qui, parfois, s'empare des bœufs dans les champs de foire, sous les morsures du soleil, [ils] torturèrent, tuèrent et brûlèrent à Hautefaye mon infortuné camarade Alain de Monéys », rapporte le critique littéraire et homme politique républicain Alcide Dusolier.

Le château de Richemont, où repose Brantôme.

les souvenirs du troubadour Arnaud de Mareuil et du maréchal Lannes, très estimé de Napoléon. À quelques lieues, moins imposant, le château de Richemont se signale surtout pour abriter le tombeau de Brantôme, qui a écrit *Les Dames galantes* dans cette demeure ayant toujours appartenu à sa famille.

Le parc naturel recèle aussi de nombreuses églises romanes qui méritent la visite, comme celle d'Abjat-sur-Bandiat, avec son clocher octogonal.

Les environs d'Abjat-sur-Bandiat.

DES TRÉSORS DE SAVOIR-FAIRE

Mais dans ce pays doux et rude à la fois, c'est surtout à travers le travail des hommes que l'on aime évoquer la mémoire des lieux. Au musée de la Carte postale de Saint-Pardoux-la-Rivière, village bâti sur la Dronne à l'aide des pierres d'un monastère, vous renouerez avec les gestes quotidiens des Périgordins du début du XXe siècle.

À cette époque, l'âge d'or des forges était déjà révolu, le coke ayant supplanté le charbon de bois. Le haut Périgord fut pourtant pendant près de deux siècles le principal producteur de canons de marine à destination de l'arsenal de Rochefort. Les grosses forges du Bandiat, qui possédaient deux hauts fourneaux jumelés, pouvaient au XVIIIe siècle produire des canons de tous calibres. On aperçoit encore les vestiges d'une forge-fonderie et d'anciennes demeures de maîtres de forges aux alentours d'Étouars, où l'on célèbre la fête des Canons.

L'abondance des cours d'eau, si elle a parsemé la région de fontaines de dévotion et de pittoresques lavoirs, a, outre celle des forges, surtout facilité l'implantation de nombreux moulins. Celui de Pinard, inscrit sur les registres de la seigneurie du Bourdeix

(Mairie de Nontron)

La mascarade des soufflaculs

Le dernier dimanche de mars, d'étranges mœurs saisissent les habitants de Nontron... Chacun se vêt en plein jour d'une longue chemise de nuit et d'un bonnet de coton blanc, se chausse d'une paire de sabots et s'arme d'un soufflet traditionnel qu'il place sous le postérieur de la personne qui le précède dans une irrévérencieuse procession. Au commandement du maître de cérémonie, tous ces joyeux exorcistes accroupis actionnent leurs soufflets qui font s'envoler les pans de chemise.
C'est en 1979 que la Compagnie des Soufflets de Nontron fait revivre le carnaval en même temps qu'elle remet à l'honneur la tradition des soufflaculs (ou « pet-en-gueule »), originaire du Moyen Âge. Cette mascarade aurait croit-on permis au peuple, juste avant le Carême, de se défouler en brocardant les puissants, et en chassant les démons cachés sous les jupes des Nontronnaises...

en 1249, est sans doute le plus typique. On y produit encore de la farine et une huile de noix cuivrée comme un vieux monbazillac. François Laguionie, meunier depuis l'âge de onze ans, vous en commentera avec gouaille tous les rouages qu'il cajole et vous fera admirer la puissante roue à augets (godets) alimentée par une chute d'eau providentielle.

À Varaignes, où paradent de fiers volatiles une fois par an lors de la foire aux Dindons, c'est d'abord aux tisserands que l'on rend hommage dans un musée qu'abrite le château. Complexes métiers à tisser et machines à coudre s'y succèdent. Le musée rappelle, par l'exposition et la création de modèles originaux, que le Nontronnais était devenu, dans les années soixante, la capitale de la charentaise, au feutre confortable bien connu de tous les pantouflards.

Mais l'artisanat ne se limite pas à des commémorations nostalgiques, et à Nontron se développe un Pôle expérimental des Métiers d'art, qui coordonne des expositions et des animations sur l'ensemble du parc.

Néanmoins, dans cette sous-préfecture tout en ruelles pentues qui domine les remous du Bandiat et cache des jardins insolites d'où jaillissent de vigoureux palmiers, si l'on a récemment succombé à la volupté du luxe avec l'arrivée de l'usine Hermès, on honore aussi le savoir-faire traditionnel, à travers le musée des Jouets et Poupées d'antan. Vous y croiserez avec un cœur d'enfant un Meccano de 1920, y ferez la connaissance d'une poupée de fécondité du Kenya, ou d'une Barbie en carrosse...

À Nontron encore, dans un atelier accroché aux remparts, passé et avenir se conjuguent brillamment au fil affûté d'un couteau légendaire, prétexte à l'organisation d'une fête du Couteau au mois d'août.

Fine lame ancestrale

Le couteau de Nontron, caractéristique avec sa lame d'acier forgée dès le XVe *siècle dans les eaux du Bandiat et son manche en buis orné d'un V arrondi accompagné de trois points sibyllins, est le plus ancien couteau de France. Si la Sarl Coutellerie nontronnaise a été rachetée par Laguiole en 1991, c'est pour prendre un nouvel essor, et perpétuer un savoir-faire menacé de disparition. On peut désormais en visiter l'atelier attractif, à l'aspect résolument contemporain puisqu'il est l'œuvre de Luc Arsène-Henry, un collaborateur de Philippe Starck.*

Le bouillonnement de la Doue, au Bourdeix, qui alimente la roue du moulin Pinard.
(PNR Périgord-Limousin)

Le parc naturel régional Périgord-Limousin

Il était étonnant qu'une région comme le Périgord, si réputée pour ses paysages, son grand et son petit patrimoine, ne soit pas protégée par la structure d'un parc naturel. On aurait pu croire que c'était du côté du Périgord noir – où l'on évoque toujours cette possibilité pour l'avenir –, qu'allait se concrétiser cette notion, mais ce fut finalement le Périgord vert, associé à son proche voisin du Limousin, qui s'organisa le premier. Un parc naturel régional est un territoire rural, reconnu au niveau national pour sa forte valeur patrimoniale et paysagère, articulé autour d'un projet concerté de développement durable. Dans ce cadre, la protection du patrimoine naturel, culturel et humain, se doit d'aller de pair avec une politique innovante d'aménagement et de développement économique, social et culturel, respectueuse de l'environnement.

La Forêt enchantée

De temps en temps, dans le parc naturel, une main d'homme prolonge les facéties du paysage, comme sous la feuillée de la « Forêt enchantée » d'Abjat-sur-Bandiat, où souches, arbres et rochers, par la grâce du pinceau de Pierre Rapeau, s'incarnent soudain en visages oniriques.

Des êtres étranges peuplent la Forêt enchantée.
(Photo H. Brunaux)

Des girolles aux biquettes de Saint-Pierre-de-Frugie, dans le parc, on se familiarise avec la nature dès le plus jeune âge. (PNR Périgord-Limousin)

Le pays du châtaignier

Si le châtaignier est omniprésent en Dordogne, il est le roi du paysage depuis des millénaires aux abords de la Haute-Vienne. La châtaigne est consommée sous de multiples formes et à tous les moments du repas, de l'apéritif au dessert.

Au cœur du parc naturel, le « pays des feuillardiers » tire son nom du métier traditionnel de travail du châtaignier. Les feuillardiers construisaient leur cabane au milieu des bois, il est toujours possible d'en rencontrer, comme il est possible de visiter une châtaigneraie traditionnelle et un verger moderne, un atelier artisanal de vannerie ou un atelier d'épluchage de châtaignes. Renseignez-vous à la maison du Châtaignier, à Châlus (Haute-Vienne).

À pied, à vélo ou à cheval

Situé à un carrefour d'influences naturelles, géographiques et économiques, le Périgord-Limousin a toujours joué un rôle de zone d'échanges, en établissant des relations entre l'Aquitaine, le Limousin, le haut pays et le littoral charentais. L'économie de ce territoire cohérent est essentiellement basée sur l'agriculture, l'élevage notamment, et un tissu industriel axé sur des activités traditionnelles (chaussure, textile, transformation du bois...).

Des milieux écologiques très divers se côtoient dans les vallées, les étangs, les landes. Faune et flore sont particulièrement riches, et les sous-sols ne sont pas en reste, qui regorgent de filons d'or, de serpentine, de quartz... Dans ce foyer actif de la culture occitane, l'homme a modelé les paysages depuis les temps préhistoriques, laissant de multiples empreintes (architecture, traditions et techniques...).

Divisé en quatre terroirs – bocage limousin, massifs des feuillardiers, plateaux jumilhacois, vallées périgordines –, ce véritable château d'eau propose aujourd'hui une grande variété d'activités, qui permettent d'allier, loin des autoroutes touristiques, découverte de la nature et séjour culturel. Orpaillage, escalade, fêtes traditionnelles, itinéraires balisés parsemés de touchants témoignages du « patrimoine de pays » comme les fontaines de dévotion, les cabanes de vignerons, les cluzeaux... À pied, à vélo ou à cheval, le parc naturel régional Périgord-Limousin se parcourt à pleins poumons.

Sur le parc, des animations permettent de découvrir diverses productions du terroir, dont celle du miel, courante en Dordogne. (PNR Périgord-Limousin)

L'escalier de la Marthonie.

Les toits fameux de Saint-Jean-de-Côle.

Le château de la Marthonie, à Saint-Jean-de-Côle.

DE SAINT-JEAN-DE-CÔLE À BOURDEILLES

Du côté est de la Dronne, l'agrément n'a rien à envier au Nontronnais, surtout aux abords de la Côle, un affluent qui arrose Saint-Jean-de-Côle. Au moment des Floralies printanières, où la légion multicolore des pétales monte à l'assaut des vieilles pierres du château de La Marthonie, de la halle et de l'église, vous apprécierez d'autant mieux l'exceptionnelle architecture médiévale de ce village aux tuiles brunes que l'on a jadis couronné du titre des « plus beaux toits de France ». L'église Saint-Jean-Baptiste, avec sa nef carrée à une seule travée prolongée

d'une abside centrale, présente un plan unique en Périgord. Les mouvements destructeurs de l'histoire n'ont pas affecté l'unité de Saint-Jean-de-Côle, qui a conservé ses maisons à pans de bois des XIIe et XIVe siècles et son pont gothique en dos d'âne, pavé de galets émoussés.

Le pont gothique en dos d'âne, sur la Côle.

Les Floralies

Le deuxième week-end de mai, le village de Saint-Jean-de-Côle, qui ne manque déjà pas d'atouts, s'enivre d'un merveilleux vertige floral. Pas une placette, pas une venelle moyenâgeuse qui ne soit éclaboussée de teintes vives et de parfums printaniers. Horticulteurs, pépiniéristes, paysagistes, artisans se donnent rendez-vous aux Floralies depuis plus de vingt ans.

La salle des cierges, dans la grotte de Villars. (Photo Grotte de Villars)

Le petit cheval bleu, peinture la plus célèbre de la grotte de Villars.
(Photo Grotte de Villars)

Près de Saint-Jean-de-Côle, le château de Bruzac dresse ses tours ruinées mais toujours majestueuses comme celles du château de La Chapelle-Faucher, abîmé par les guerres de Religion puis achevé par un incendie en 1916.

Nature et histoire se sont unies pour enfanter la proche commune de Villars, sur laquelle voisinent trois sites majeurs et très différents.

L'immense labyrinthe de la grotte de Villars, découverte en 1953, se

pare non seulement d'abondantes concrétions, mais aussi de gravures et peintures rupestres vieilles de 15 000 à 17 000 ans, dont un étonnant cheval aux contours bleus.

Devant l'élégance du château de Puyguilhem, on a l'impression que les berges de la Loire sont à portée de regard. Lucarnes ciselées, tour pentagonale aux larges fenêtres à meneaux, cheminées monumentales, ce remarquable ouvrage n'a rien à envier aux plus célèbres édifices de la première Renaissance.

L'abbaye cistercienne de Boschaud a pour sa part moins bien résisté aux outrages du temps, mais les coupoles ruinées de cette étape sur la route de Saint-Jacques-de-Compostelle conservent un attrait discret propice à une tranquille escapade. Vers Villars, Condat-sur-Trincou, village édifié sur une courte falaise érodée, éveille l'intérêt par sa situation.

Le château de Puyguilhem.

Fines sculptures, décorations ciselées, la fin de la construction de Puyguilhem a été largement inspirée par les châteaux de la Loire.

Brantôme, accueillant village posé sur une boucle de la Dronne.

La roue à aubes du moulin, qui est aussi un restaurant réputé de Brantôme, et à l'extrémité du pont coudé du XVIe, un superbe petit pavillon Renaissance.

Villars a beau briller de ses fameux éclats, la star touristique, au nord de Périgueux, demeure Brantôme, en véritable osmose avec la Dronne, qui l'enserre de vibrantes langueurs, au point que l'on a surnommé la bourgade « Venise du Périgord ». La singularité du site a attiré les hommes de toutes les époques, depuis ceux qui se réfugiaient dans les abris de la falaise boisée jusqu'à ceux d'aujourd'hui qui tiennent quelques-unes des tables les plus réputées du département. Dans une des cavités, qui

Un musée habité

Derrière les rideaux sombres de l'esprit, pénétrez dans l'univers du peintre médiumnique Fernand Desmoulin. L'enfant de Javerlhac, portraitiste officiel de la IIIe République et intime de Zola, s'écarta des chemins académiques pour se plonger dans des séances occultes. Des transes révélatrices lui inspirèrent d'énigmatiques portraits qui motivèrent la venue d'André Breton à Brantôme.

De toutes parts, à Brantôme, l'eau et la pierre cohabitent en harmonie.

L'imposante abbaye bénédictine a conservé son clocher carolingien.

accueille désormais des spectacles, une sculpture monumentale surgit de la paroi, la scène du « Jugement dernier ». Si les ponts, les jardins et les petits édifices religieux forment un ensemble d'une flamboyante unité, c'est la silhouette de l'abbaye bénédictine qui emplit le premier regard, avec ce clocher carolingien haut de 60 mètres, un des plus anciens de France – le plus ancien, jurent les Brantômais. L'abbaye fut fondée au VIIIe siècle pour abriter des reliques de saint Sicaire données par Charlemagne, puis fut détruite par les Normands au IXe siècle, reconstruite en 1075 et modifiée plusieurs fois jusqu'au XIXe siècle.

À Brantôme, le musée des Miniatures vaut une... petite visite, ainsi que le musée dédié au peintre Fernand Desmoulin, spirite inspiré. A la sortie de la ville, vous pouvez vous attarder au jardin botanique d'Alaije, au château Renaissance de la Hierce sur la route de Périgueux, et au dolmen de la Pierre-Levée sur la route de Thiviers.

À droite
Le village de La Tour-Blanche a conservé quelques bâtisses au charme ancien.

De Brantôme à Bourdeilles, les bords de Dronne offrent de merveilleux refuges ombreux, d'amicaux creusements de falaises, ou des cluzeaux masqués par la végétation qui ne sont pas sans évoquer certains édens secrets de la Vézère.

Entre Bourdeilles et La Tour-Blanche au château ruiné, s'intercale un causse, celui de Paussac. Les falaises équipées pour l'escalade y font bon ménage avec le dolmen à cinq supports de Peyrelevade au bord de la départementale 93, et avec la Peyre-d'Ermale, un ensemble mégalithique au lieu-dit du Breuil, où s'ouvrent des cluzeaux de parois.

À Bourdeilles, on savoure aussi la rafraîchissante communion de la pierre et de l'eau. La Dronne, chatoyant des plantes aquatiques qui colonisent son lit, y enlace près du pont gothique à avant-becs le « moulin bateau » seigneurial, en un tableau impressionniste. Ici, ce n'est pas la masse de l'abbaye qui veille sur le village, mais une forteresse au socle rocheux prolongée vers le ciel par un puissant donjon couronné de mâchicoulis, au sommet duquel la vue périphérique récompensera votre grimpette dans l'escalier à vis. Le château médiéval de Bourdeilles, une autre des quatre baronnies du Périgord, qui vit naître en 1538 Pierre de Bourdeille, alias Brantôme, présente la particularité d'accueillir au sein de ses lourdes enceintes un deuxième château, de facture Renaissance, qui abrite entre autres une collection rare de meubles espagnols et bourguignons. Sa grande salle d'honneur, le « Salon doré », s'orne de cheminées monumentales, de tapisseries, et d'un plafond à la française.

Le donjon éventré de La Tour-Blanche.

Le pont gothique à avant-becs de Bourdeilles, dominé par le donjon octogonal du château.

Un village, un musée

Depuis quelques années, le Val-de-Dronne est aussi devenu une pépinière de petits musées, qui peuvent agréablement meubler vos – rarissimes… – journées de pluie : musée des Records et musée de la Ferblanterie à La Tour-Blanche, musée du Ver à soie à Saint-Just, musée du Costume à Tocane-Saint-Apre, musée des Traditions meunières et boulangères à Saint-Méard-de-Drône, Musée gallo-romain à Petit-Bersac, musée des Maquettes et musée de l'Outil à Saint-Privat-des-Prés…

Le musée des Traditions meunières et boulangères.

Les églises romanes à coupoles

Les églises romanes à coupoles parsèment le Périgord, moutonnant dans leur austère robe blanche. Si les cinq de la cathédrale Saint-Front sont renommées, c'est en Ribéracois que les coupoles bombent en plus grande harmonie leurs dômes sous le ciel. Certains vont à parler d'un style Périgord, tellement les églises à coupoles abondent dans l'ouest de la Dordogne.

Cette architecture sacrée, datant majoritairement du XIIe siècle, a suscité bien des débats chez les historiens, qui souvent disent y déceler l'influence de l'art oriental, à la suite des fréquents échanges avec la Terre sainte, pèlerinages et croisades. La coupole est pourtant un élément assez banal des religions. Elle symbolise l'infini du divin dans les églises romanes, par opposition à la base de l'édifice, carrée ou rectangulaire, dont les lignes droites renvoient au temporel. Plus pragmatiquement, la forme de ces églises romanes permet de répartir charges et tensions de la voûte en coupole sur les murs latéraux et sur les arcs doubleaux de la nef, c'est un avantage sur la voûte en berceau qui nécessite de puissants contreforts.

Coupole peinte de Bourg-du-Bost.

Des peintures cachées

Pour édifier les fidèles, les églises romanes étaient fréquemment décorées de remarquables fresques. Les restaurations successives les ont malheureusement fait disparaître, mais parfois sans les détruire, puisqu'il arrive qu'en grattant les enduits qui recouvrent les murs, on ait la bonne surprise de redécouvrir les couleurs éclatantes de ces livres d'images pédagogiques. Ainsi, en 1999, dans la modeste église de Saint-Méard-de-Drône, affublée d'un enduit de plâtre figurant de fausses pierres de taille, on s'aperçoit, après la chute d'un morceau de cet enduit, que la totalité des murs et de la voûte sont le support d'allégories et de motifs floraux.

Saint-Privat-des-Prés.

Des églises forteresses

Une nef, deux croisillons, un chœur, voilà ce qui caractérise sobrement les plans de quasiment tous les édifices, à la suite de Saint-Étienne-de-la-Cité, à Périgueux. Le dépouillement est également de mise dans la décoration, qui reste volontairement discrète. Les portails sans tympan s'ornent de voussures sculptées.

Les coupoles permettent aussi d'aménager de vastes chambres de défense lors des périodes troublées. Les églises de campagne se fortifient, remplacent le château et protègent la population. C'est le cas pour l'église de Saint-Martial-Viveyrol, où le clocher faisait office de tour forte, celle de Bourg-des-Maisons, à la nef unique voûtée à trois coupoles sur pendentifs, celle de Cherval, agencée défensivement par les moines guerriers de Saint-Jean-de-Jérusalem, celle de Grand-Brassac, qui présente de hauts murs dépourvus d'ouverture.

Grand-Brassac.

Saint-Martial-Viveyrol.

Le circuit

Voici les noms des villages ou lieux-dits dont on retient généralement les édifices dans le circuit des églises romanes à coupoles du Ribéracois : Saint-Martin-de-Ribérac, Siorac-de-Ribérac, Vanxains, Saint-Vincent-Jalmoutiers, Saint-Aulaye, Chenaud, Les Essards (Charente), Saint-Privat, Cumond, Festalemps, Bourg-du-Bost, Allemans, Saint-Paul-Lizonne, Saint-Martial-Viveyrol, Nanteuil-Auriac-de-Bourzac, La Chapelle-Grésignac, Cherval, Rossignol, Cercles, Léguillac-de-Cercles, Paussac et Saint Vivien, Grand-Brassac, Montagrier, Segonzac, Saint-Méard-de-Drône, Villetoureix.

Bourg-du-Bost.

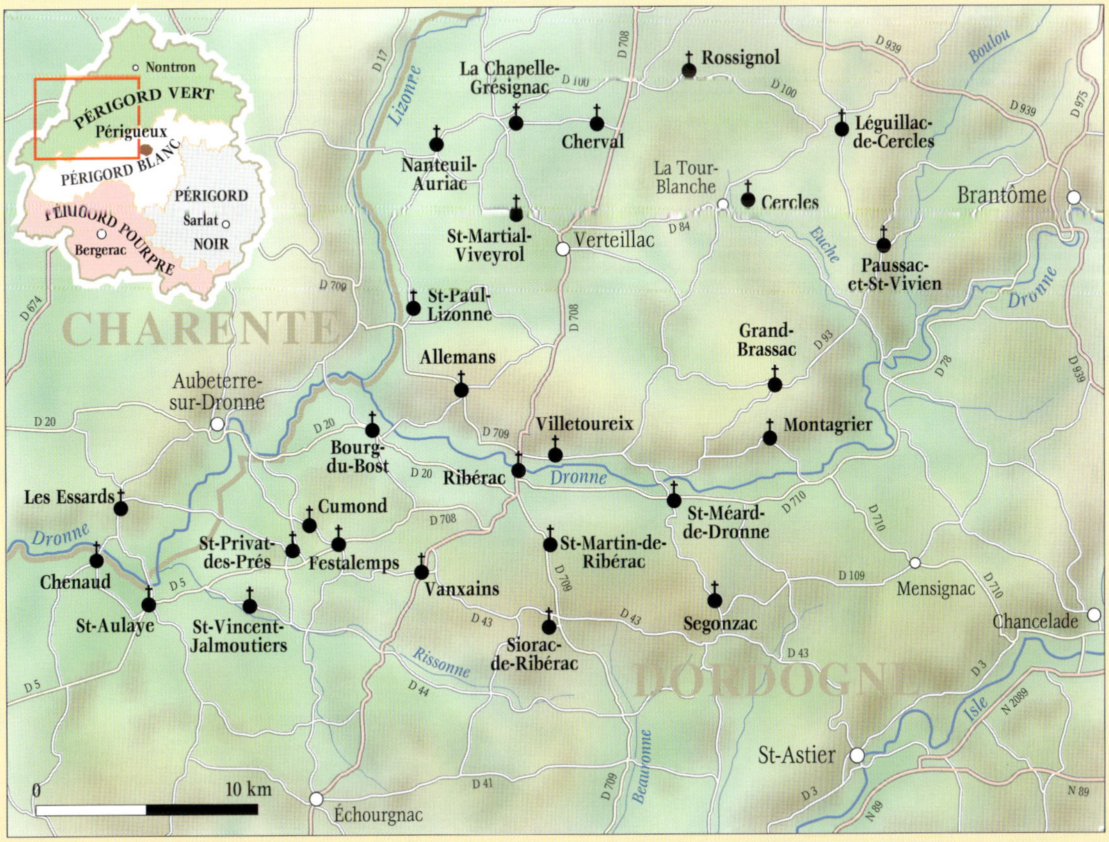

L'église de Saint-Aulaye, à la facade de style saintongeais.

Il fait si bon vivre à Saint-Aulaye, qu'on en oublie parfois de repartir...

DOUCEURS DU RIBÉRACOIS

Quelques méandres plus loin, la Dronne amorce un calme voyage à travers le Ribéracois. Forêts et falaises s'estompent, laissant place dorénavant aux vastes surfaces cultivées et aux hameaux blanchis sous le soleil.

Le coin est spécialement réputé pour son circuit des églises romanes à coupoles qui ont chacune un caractère affirmé.

Mais les églises ne sont pas les seuls motifs d'intérêt d'une région qui ne cache pas ses accointances avec la proche Charente, comme le confirme le musée du Cognac, du Vin et du Pineau, à Saint-Aulaye.

À Vendoire, vous découvrirez le site protégé des tourbières, où les amas de végétaux emprisonnés et désagrégés par le ruissellement des eaux depuis des millénaires confèrent à la tourbe les propriétés d'un véritable calendrier géologique.

À Cercles, au jardin Limodore, s'épanouissent d'inattendues orchidées dont la subtile fragilité a su s'imposer aux plantes indigènes.

Les principales villes du pays sont Saint-Aulaye, où un vénérable pont enjambe la Dronne depuis le VIIIe siècle, et surtout Ribérac, autrefois sous-préfecture, qui, malgré son éloignement des grands axes routiers, a

Le village en colimaçon

Il est certifié par la légende qu'en des temps reculés, alors qu'une famine s'était abattue sur Bertric-Burée, une manne ravigotante d'escargots sauva le village. Par tradition reconnaissante, le petit-gris farci à la bertricoise fait, depuis, le bonheur des palais autochtones, et même britanniques, c'est vous dire... Surtout au début du mois de mai, où lors de joyeuses agapes, les divines « cagouilles » sont engloutties par monceaux.

La collégiale Notre-Dame-de-Ribérac.

conservé un dynamisme économique et culturel. Expositions et concerts s'y tiennent régulièrement, dont quelques-uns à la collégiale Notre-Dame, à l'origine chapelle de l'ancien château.

Le Ribéracois regorge aussi d'adorables villages, que l'on déniche avec délices au détour d'une molle colline ou d'une route bordée de grasses prairies. Citons par exemple Lusignac et Bouteilles-Saint-Sébastien, aux maisons souvent minutieusement restaurées par nos hôtes d'outre-Manche, Goût-Rossignol et ses demeures qui conservent d'anciens éléments d'architecture viticole, ou Montagrier, joliment posé au-dessus de la Dronne – et par ailleurs capitale départementale du V.T.T.

Un chapiteau de l'église de Saint-Aulaye.

Un rossignol rouge

Avant le passage du funeste phylloxéra, le Périgord était couvert de vignes. En Ribéracois, on citait particulièrement Rossignol pour ses bons crus de vin rouge ou même blanc sec légèrement pétillant.

Le château de Verteillac.

Magret, foie gras, truffe, trinité gourmande du Périgord. (Photo J.-P. Gratien)

Réjouissances de palais

Pour beaucoup de Français et d'étrangers, le seul nom de Périgord, avant d'évoquer les fresques de Lascaux ou la kyrielle de châteaux, se manifeste comme un appel pressant à la félicité des papilles gustatives. Avec en prime l'absolution du cardiologue, depuis qu'à l'instar de la Crête, le sud-ouest de la France est reconnu comme une des régions où l'on meurt le moins d'infarctus. La graisse rentre en grâce.
Autre paradoxe, si confit ou foie gras sont désormais assimilés à des produits de luxe, ils sont pourtant les héritiers d'une cuisine dépouillée, d'une rude civilisation qui proscrivait les ripailles, mais où l'art de conserver la nourriture dans la graisse d'oie était le meilleur remède pour passer l'hiver en échappant aux affres de la disette.

Coll. Ch. Le Corre.

Le foie gras

Frais, mi-cuit ou en conserve, le foie gras est le fleuron de la gastronomie du Sud-Ouest et fait la gloire cancanante ou cacardante de nos palmipèdes. Les bestioles sacrées se passeraient probablement volontiers de voir leur organe quadrupler sous l'effet du gavage, mais il faut nuancer les idées reçues répandues qui dénoncent un procédé cruel. Ne possédant pas de jabot, le tube digestif des palmipèdes est relié directement à l'estomac, et si l'on interrompt la suralimentation, le foie retrouve rapidement une taille normale. Ces animaux, lorsqu'ils étaient migrateurs, avaient naturellement tendance à engraisser pour mieux supporter leurs longs périples. Le gavage est une technique qui semble vieille comme la civilisation, puisqu'on en retrouve des évocations sur les murs des tombeaux de l'Égypte ancienne, et dans les bibliothèques de la Rome antique.
Oie ou canard, chaque foie a ses fervents thuriféraires. La Dordogne est toujours le premier producteur de foies d'oie, plus chers, alors que pour le canard, d'autres départements comme les Landes lui ont ravi l'hépatique suprématie. Le canard étant moins contraignant à élever et à gaver, la production de foies de canard, au goût rustique, s'est considérablement développée, au détriment des foies d'oie, souvent privilégiés par les palais avertis.
Comme la truffe, le foie gras possède son temple, à Thiviers.

Le gavage, aujourd'hui controversé, n'en reste pas moins un des piliers de la gastronomie périgordine. (Coll. du château de Monbazillac. Photo Cl. Herlédan)

L'authenticité au quotidien

Cet art s'est maintenu, la cuisine périgorde parvient aujourd'hui par ses conserves à conquérir de lointains gourmets. Elle est un exemple éclatant d'une tradition qui a su s'adapter à la demande croissante d'authenticité, tout en se gardant relativement, après quelques dérapages initiaux, des rendements affadissants.
Et à côté des écornifleurs qui l'été venu rouvrent boutique en confondant fumet gastronomique et tintement des deniers touristiques, il se trouvera toujours des adresses qui célébreront le terroir sans exclure la créativité, du restaurant étoilé au bistrot haut en couleur.
Les fermes-auberges, censées être garantes de la provenance des produits, ont poussé ces dernières années comme des champignons l'automne venu, parfois au grand dam des véritables restaurateurs, la noblesse des ingrédients ne représentant pas un gage de savoir-faire culinaire.
Restaurants ou fermes-auberges, en beaucoup d'endroits il est heureusement encore possible de se régaler le pylore en ménageant l'intégrité de sa bourse, loin des cartes au tape-à-l'œil standardisé pour allécher le chaland. Et n'oubliez pas tout bonnement la saine agitation des marchés pour vous offrir un solide casse-croûte, ponctué pourquoi pas par un chabrol onctueux (vin mélangé dans l'assiette au chaud reliquat d'un bouillon épais).

Le marché de Bergerac.

Conserves du château de Richemont. (Photo Cl. Herlédan)

La noix

Dévastées par la terrible tempête de 1999, les noyeraies du Périgord, à qui l'on adressait les plus noires prédictions, ont finalement vécu une rapide convalescence. Qu'elle soit « marbot », « corne », « grand-jean » ou « franquette », la noix – dont l'écomusée se situe à Castelnaud-la-Chapelle – peut s'inviter dans de nombreuses recettes, et sans remords là encore, puisqu'elle a l'alibi de lutter contre le cholestérol. L'huile de noix, à l'image de sa cousine l'huile d'olive qui règne sur les salades provençales, exalte sans rivale les vertus d'une salade de gésiers périgordine. Une appellation « Noix du Périgord » a été déposée, qui concerne 412 communes de Dordogne, de Charente, de Corrèze, du Lot et d'Aveyron.

Récolte de noix à Saint-Germain-des-Prés.

Comme un Petit Poucet des noyeraies, il faut suivre les grosses noix blanches pour découvrir l'écomusée de Castelnaud-la-Chapelle,

Un beau panier automnal où dominent cèpes, trompettes-de-la-mort et girolles. (Photo Cl. Herlédan)

Une cuisine variée

Le Périgord reste un robuste rempart contre la malbouffe. Le bien-manger y est une tranquille prouesse du quotidien. Son imbrication dans la vie sociale est symbolisée par de nombreux rendez-vous collectifs.

Ici, la cuisine originelle n'est pas sophistiquée, on a pris l'habitude depuis des générations de préparer soi-même ses grillons de canard, son pâté de Périgueux ou ses pommes de terre à la sarladaise, de fureter dans les sous-bois pour emplir son panier de girondes girolles ou de cèpes au chapeau luisant sous la rosée.

À côté des stars de nos tables périgordines encensées au-delà des frontières, se maintiennent gaillardement des plats traditionnels, dont la saveur campagnarde n'a rien à leur envier. Leurs seigneuries porc, oie, canard, plaisamment métamorphosées par d'innombrables recettes, en fournissent les éléments de base. L'évocation même d'un enchaud, rôti de porc farci, ou d'un canard aux oignons, émoustille les glandes salivaires. La gastronomie périgordine est beaucoup plus variée qu'on ne le pense géné-

Une édition originale du livre de La Mazille.
(Collection du manoir d'Eyrignac, photo Cl. Herlédan)

Gloire au cochon

Le cochon a toujours constitué un aliment de base de la cuisine périgordine. Dans les familles rurales, son abattage est souvent convivial. Tous les deux ans, le premier dimanche de décembre, on s'en souvient à Saint-Alvère. Autour de braseros, un verre de vin ferré à la main, on décline sur les modes traditionnels charcuteries et grillades lors de la fête du Peyrol, du nom de la grosse marmite en fonte qui mijote dans la cheminée.

La réputation de la truffe du Périgord trouve des échos ancestraux.
(Coll. Monique Sclaresky)

Le kilo de truffe peut atteindre jusqu'à 1 500 euros en début de saison, mais quelques grammes suffisent à parfumer un plat.
(Photo J.-P. Gratien)

La truffe

La *Tuber melanosporum* est au Périgord – même s'il s'est fait dépasser pour la quantité produite – ce que sont les joyaux de la couronne à la royauté britannique, un étincelant symbole. Mais, avantage sur les joyaux, un symbole qui se mange, et dont la munificente proximité suffit à égayer d'un trait enchanteur n'importe quelle roturière assiette.

La truffe du Périgord, traditionnellement détectée sur le causse par les infaillibles odorats des mouches à truffe ou des truies dressées, l'est maintenant davantage par les chiens, n'en déplaise au folklore. Récolté par le caveur entre novembre et février, le tubercule, grand accapareur souterrain des ressources naturelles, provoque à la surface la disparition de la végétation et la formation caractéristique des « ronds de sorcière » sous les chênes ou les noisetiers.

Inégalable pour magnifier une sauce – comme la savoureuse sauce Périgueux – ou sertir une simple omelette, la truffe possède ses marchés, surtout celui de Saint-Alvère, où elle atteint régulièrement les 450 euros au kilo, ce qui suffit déjà à justifier son surnom de « diamant noir ». On lui a même bâti une maison, à Sorges, pour services rendus aux gourmets de tous horizons.

Le charme des vendanges au château Laroque, AOC bergerac.

ralement. Il n'est qu'à se pencher sur quelques noms de plats recueillis au début du siècle par la célèbre cuisinière La Mazille, pour en ressentir la richesse et la poésie : ballottines de perdreaux, civet de lièvre à la bouillie de maïs, tourain au vinaigre, soupe à la queue de bœuf, cagouilles (escargots) farcis à la Périgourdine, jeunes artichauts à la moutarde, carpe à la Neuvic…

Il ne faut pas pour autant, après tant de vigoureuses offrandes, s'interdire de clore le repas par un moelleux cabécou (fromage de chèvre), un millas (dessert à la citrouille), ou des fruits comme la fraise, la noix, la châtaigne, et bien d'autres, qui ont choisi le Périgord pour terre élective, et savent eux aussi se pavaner sous leurs plus beaux apprêts.

S'il vient comme réflexe, pour accompagner ces agapes bénies, de lever un verre de pécharmant ou de monbazillac, signalons que le Périgord produit également de nombreuses liqueurs ou eaux-de-vie, et même un très ancien… pastis, à Sarlat.

L'Isle,
de villes en forêts

L'Isle entre en Périgord en se faufilant dans des gorges sombres, étranglée entre de hautes collines coiffées de feuillus. Surveillant la rivière réduite à la portion congrue, s'élève soudain un château surgi d'un conte de Perrault, avec ses tourelles aux toits d'ardoise effilés et ses épis de faîtage insolites.

UN PAYS EN OR

L'histoire du château de Jumilhac a été marquée par Antoine Chapelle, qui en reconstitua la seigneurie en 1584. Ce maître de forges est considéré comme le premier sidérurgiste du Périgord, et la légende l'éleva même au rang d'alchimiste, tant il était richissime. L'or était de surcroît

Page de gauche
La forge de Savignac-Lédrier, sur l'Auvézère, un affluent de l'Isle, est dominée par le château du maître de forge.

Le château de Jumilhac, et ses jardins qui déclinent le thème de l'alchimie.

Au début du XXe siècle, les truies étaient encore les plus sûres alliées du chercheur de truffes, de Sorges ou d'ailleurs. (Coll. M. Sclaresky)

Des pièces de faïence de Thiviers. (Photo Léonard)

indissociable de cette région irriguée de veines aurifères exploitées depuis le IIe siècle avant J.-C. L'alchimie a servi de thème à la conception des jardins du château, sur l'emplacement d'un ancien parc à la française.

La gastronomie épouse dans ce pays les contours de la géographie, puisque quelques kilomètres en aval, sont vénérés deux ténors de l'assiette. D'abord le foie gras, à l'honneur à Thiviers, tout au long des marchés au gras de l'hiver, et dans un musée où vous seront dévoilés les arcanes des méthodes d'élevage des volatiles et de préparation de leur précieux organe. Thiviers, ville fortifiée, fut jusqu'à la Première Guerre mondiale un centre artisanal actif de faïencerie, grâce à son sous-sol riche en colorants naturels. Quelques belles pièces de faïence sont encore conservées au musée du Foie gras.

Tout près, à Sorges, en direction de Périgueux, c'est au tour de la truffe d'être brandie en étendard, et déclinée sur tous les tons dans un écomusée. Les sentiers des truffières permettent de fouler, empli de respect, entre les chênes rabougris, ces précieux sols calcaires, rugueux écrins de l'icône gourmande.

À Corgnac, village qui s'enorgueillit à juste titre d'un superbe pont moyenâgeux, les animaux dont l'on croise le souvenir n'ont jamais pu mijoter dans les marmites périgordines. On a en effet mis au jour en 1995, dans la cour de ferme de La Gironnette, les colossales empreintes – les plus belles en France – de cinq espèces différentes de dinosaures. Le Périgord a son Jurassic Park.

On fait la queue pour se rendre au musée du Foie gras de Thiviers... (Photo Léonard)

En haut et en bas : ***L'architecture du château d'Excideuil fait se côtoyer éléments médiévaux et Renaissance.***

LA LOUE ET L'AUVÉZÈRE

À l'est, l'Isle recueille les eaux de ses petites sœurs sauvageonnes, la Loue et l'Auvézère, qui offrent aux pêcheurs et aux promeneurs des havres d'écume ourlés de verdure.

Dans les parages de la Loue, vous pouvez flâner à Saint-Jory-las-Bloux, Saint-Germain-des-Prés, Coulaures, ou Saint-Raphaël, village au point de vue aérien sur une campagne cousue d'antiques murets et piquetée de cabanes de pierres sèches. À Excideuil, le bourg le plus important des environs, bercé du souvenir du maréchal Bugeaud, le château à l'architecture disparate arbore deux vigoureux donjons du XIIe siècle et deux corps de logis Renaissance. À Saint-Médard-d'Excideuil, vous constaterez que les fréquentes expositions d'art contemporain s'intègrent avec bonheur au domaine du Jardin d'Hélys.

Le roi d'Araucanie

Antoine de Tounens, anonyme clerc de notaire, s'ennuyait en Périgord où son regard se heurtait sans cesse à une interminable succession de collines. Son esprit rêvait de se nourrir d'espaces infinis, d'horizons repoussés. Patagonie et Araucanie allaient apporter du grain à moudre au moulin de ses fantasmes. En 1860, il y crée un royaume, prend la défense des peuples indigènes, avant d'être expulsé par les autorités chiliennes. Après maintes tentatives pour regagner ses vastes conquêtes, il revient mourir, ruiné, dans son village de Tourtoirac, qu'il marque depuis de son fantasque souvenir.

Une rousse vache limousine, au petit matin brumeux d'une vallée du Périgord vert.

Paysage de schiste auvézérois au Pervendoux.

Plus loin, le splendide château d'Essendiéras, cher à André Maurois, règne sur une immensité de vergers, signe avant-coureur de votre entrée dans le pays de la pomme golden. À Lanouaille, où la maison de la Pomme d'Or présente un parcours ludique, les habitants ont assouvi leurs irrépressibles pulsions pâtissières en confectionnant la plus grande tarte aux pommes du monde...

Près de Payzac, on rencontre d'étranges constructions, les granges ovalaires, recouvertes par des tôles

À Lanouaille, la pomme golden est reine.

qui ont remplacé les chaumes d'autrefois. On ignore l'origine de ces bâtiments elliptiques à la haute charpente, qui reposent sur des murs de pierres sèches.

Ce pays contrasté – où le village d'Angoisse peut malgré son nom chaleureusement vous accueillir – vous fait arpenter de vastes plateaux parfois balayés d'un vent piquant, avant de vous faire plonger puis remonter tel un yoyo sur les flancs raides de farouches vallées boisées.

Le château de Hautefort, avec son logis classique et sa tour ronde du Moyen Âge, coiffée d'un dôme en 1678.

Il a toujours été marqué par la présence de l'eau, en témoignent aujourd'hui la base de loisirs de Rouffiac, les farandoles de canoës, mais surtout les vestiges d'une riche archéologie industrielle. Aux papeteries de Vaux, on fabriquait du papier de paille, tandis qu'à Savignac-Lédrier, la plus célèbre forge du Périgord, édifiée en 1521, fut la dernière en France à fonctionner au charbon de bois. Le long de la rapide Auvézère, une promenade thématique approche ses bâtiments, nichés dans un vallon luxuriant où culmine le château Renaissance du maître de forge.

Ne quittez pas les gorges de l'Auvézère sans faire une halte au frais paradis clapotant du Pervendoux, refuge d'un ancien moulin du XVIIIe siècle.

Le barrage du Pervendoux.

S'il ne fallait retenir qu'un site au nord-est du département, Hautefort recueillerait inévitablement les suffrages. À l'intersection de trois couleurs du Périgord, verte, noire et blanche, Hautefort est une enclave intemporelle. Le village s'enroule à l'ombre de son seigneur de pierre, un château aux tours coiffées de gros bourgeons d'ardoise, aux volumes grandioses et gracieusement équilibrés, en parfaite intelligence avec la virtuosité des jardins à la française qui magnifient ses terrasses. Le château de Hautefort, par son classicisme, contraste avec les constructions tra-

La somptueuse terrasse est des jardins à la française de Hautefort, qui fait face au musée de la Médecine.

ditionnelles du Périgord, forteresses du Moyen Âge ou demeures de la Renaissance. L'explication est simple : il a été construit – durant un siècle entier, de la fin du XVIe à la fin du XVIIe siècle – sur les plans d'architectes étrangers à la région. Ils décidèrent de raser les bâtiments médiévaux, qui avaient été le fief du fameux troubadour Bertran de Born, à l'inspiration belliqueuse.

La chambre d'honneur du château de Hautefort, avec une tapisserie de la manufacture royale d'Aubusson.

ciation. Saignées, trépanations, vaccinations, on vous y détaille l'évolution des pratiques médicales. Dans les salles de cet édifice en forme de croix, doté en son centre d'une chapelle circulaire, vous découvrirez des éléments saisissants, comme ce tour à bébé où étaient déposés les nourrissons abandonnés.

Au sud de Hautefort, vous retrouvez la direction de Périgueux en traversant le Pays d'Ans, à cheval sur le Périgord noir, et qui commence à en revêtir les caractéristiques, sans se défaire de ses verdoiements. Cette région est souvent dédaignée par les guides touristiques, elle abonde pourtant de chemins buissonniers qui traversent des villages, des hameaux charmeurs, comme Sainte-Orse ou Gabillou.

Au château de Hautefort, la charpente intacte de la tour du Maure, qui fut coiffée en 1678 d'un dôme à lanternon.
À droite : ***Le château des Bories, à Antonne.***
En bas : ***La chapelle du château de Hautefort, dont la coupole est ornée de caissons peints en trompe l'œil.***

Depuis le bourg historique, dont les venelles l'été venu se transforment en vivier de métiers d'art, on distingue face au château une architecture aux formes jumelles. C'est l'ancien hospice, transformé en musée de la médecine par une asso-

AUTOUR DE PÉRIGUEUX

Après avoir quitté l'Auvézère, surplombée au Change par la chapelle d'Auberoche du XIIe siècle, vestige d'une forteresse, vous reprenez le cours de l'Isle. Un peu en amont, sur la rive droite, le château des Bories, bâti à la fin du XVe siècle, bénéficie d'une architecture avenante. Sa plus ancienne salle est une immense cuisine à deux cheminées et aux voûtes d'ogives en palmiers.

Sur les hauteurs de la vallée, la forêt de Lanmary est un dédale de sentiers de randonnées. Au carrefour de plusieurs d'entre eux, vous tomberez à l'improviste sur Caussade, château fort râblé. Au lieu-dit des

L'abbaye de Chancelade fut un grand centre de recherche historique au XVIIIe siècle.

Chauzes, une nécropole d'une centaine de tombes mérovingiennes a été découverte en 1970.

En aval de la confluence Isle-Auvézère, vous entrez dans la sphère d'influence de Périgueux, préfecture du département de la Dordogne. Autour de Périgueux, plusieurs sites méritent votre attentive visite.

Sur la route de Brantôme, à Château-l'Évêque, le château des évêques de Périgueux vit l'ordination de saint Vincent de Paul.

Dissimulé dans un proche vallon verdoyant, le prieuré de Merlande arbore de belles sculptures romanes. Plus imposante et plus connue est l'abbaye de Chancelade, consacrée en 1147, à laquelle Rome avait accordé de considérables privilèges. Restaurée au XVIIe siècle, elle est parvenue jusqu'à nous dans une remarquable cohérence architecturale.

À Chancelade encore, le lieu-dit des Andrivaux était le siège d'une importante commanderie templière dont subsistent des bâtiments au silence énigmatique.

Le château d'Escoire.

Les crimes d'Escoire

Si le nom d'Henri Girard ne vous dit rien, vous connaissez peut-être son pseudonyme, Georges Arnaud, et surtout son roman à succès, Le Salaire de la peur, *qui servit de trame au film d'Henri-Georges Clouzot. Quelques années avant la sortie du livre, le nom d'Henri Girard avait fait les gros titres de la presse de l'Occupation, après les assassinats de son père, fonctionnaire à Vichy, de sa tante et de leur bonne dans le château d'Escoire. Inculpé d'assassinat, Henri Girard sera finalement acquitté, après la plaidoirie d'un ténor du barreau de Paris. Cette affaire s'est déroulée dans une trouble période, ce qui peut accréditer pour certains l'hypothèse d'un crime politique. Elle demeure encore aujourd'hui source de bien des interprétations, au rythme des nouveaux éléments périodiquement exhumés par les historiens.*

Périgueux, une continuité historique

Du sommet des collines qui la ceignent, se révèle sous ses plus beaux atours une cité que l'on sent au premier coup d'œil porter le poids d'une histoire foisonnante. Il est particulièrement plaisant de la surprendre au sortir d'un virage de la route de Bergerac, lorsque l'enveloppe une nuit d'été, et qu'au-dessus des ponts de l'Isle, se découpent illuminées les formes rebondies de la cathédrale Saint-Front, son monument emblématique.

La cathédrale Saint-Front, d'inspiration byzantine.

Les premières traces d'occupation du site de Périgueux remontent à 12 000 ans, ainsi qu'en témoigne la riche collection de mobilier préhistorique du musée du Périgord, étape indispensable d'une découverte de la préfecture de la Dordogne. Le musée présente en outre un notable ensemble ethnologique d'objets africains et océaniens.

Au début du xxe siècle, une vue de la cathédrale Saint-Front depuis le pont des Barris.
(Coll. Monique Sclaresky)

La rue de la République. (Coll. Monique Sclaresk

L'emprise romaine

Plusieurs tribus celtiques, parmi lesquelles les Pétrucores – dont on dit, avec peut-être quelque exagération, qu'ils envoyèrent à Alésia un détachement de plus de cinq mille hommes pour prêter main-forte à Vercingétorix – occupèrent longtemps les hauteurs de Périgueux. Mais ont davantage résisté au temps les témoignages d'une prospère civilisation gallo-romaine. L'Isle étant navigable, on suppose que Vésone, ancêtre de Périgueux, possédait son port, bien qu'on n'en ait pas retrouvé de traces. La Porte normande, élément d'une muraille défensive censée endiguer les invasions dès le IIIe siècle, la domus des Bouquets, agencée récemment en musée, les ruines de l'immense amphithéâtre qui pouvait accueillir 20 000 personnes, ou la tour de Vésone, rescapée d'un temple disparu et ouverte à tous les vents par sa célèbre brèche, constituent les principaux jalons d'un remarquable circuit.
Dès l'an Mil, c'est autour de la cathédrale de la Cité, fameuse église romane dont subsistent seulement deux coupoles, que se développe l'embryon d'une ville nou-

La tour gallo-romaine de Vésone, dont la brèche correspond à une grande porte effondrée, constituait le cœur d'un vaste temple.
(Photo Office du tourisme de Périgueux)

La rue Éguillerie, une des plus importantes du quartier sauvegardé. Au fond, la maison du Pâtissier.
(Photo Office du tourisme de Périgueux)

velle. Après de sanglantes rivalités, la Cité sera supplantée par le Puy-Saint-Front, étape sur la route de Saint-Jacques-de-Compostelle, qui s'épanouit sous l'impulsion de la bourgeoisie marchande. Tradition maintenue, puisque s'y agglutinent encore de nos jours la plupart des enseignes commerciales. Outre l'opportunité d'y faire des emplettes, il est surtout agréable d'y sentir les effluves omniprésents de l'histoire y effleurer les pierres usées, embaumant les venelles aux galets irréguliers qui cheminent vers la cathédrale Saint-Front.
D'inspiration byzantine, cette majestueuse église construite sur un plan en croix grecque identique à celui de Saint-Marc à Venise, évinça comme cathédrale de Périgueux celle de la Cité en 1669. Ses cinq coupoles, allégées de leurs toits et remaniées au XIXe siècle par l'architecte Abadie, qui érigea par la suite le Sacré-Cœur de Montmartre, enjolivent en pittoresques mamelons maintes cartes postales périgourdines. La cathédrale abrite un magnifique retable baroque.
Pour trouver les maisons les plus anciennes de Périgueux, comme la maison des Dames de la Foy, il faut marcher vers la tour Mataguerre, en parcourant des ruelles ombragées parfaitement rénovées, aux noms délicieusement évocateurs des activités qu'elles hébergeaient : rue de l'Étrier, rue de la Selle, rue Aubergerie...

Le musée gallo-romain

Le musée gallo-romain présente une singulière connivence entre architecture contemporaine et antiques fondations. Les aménagements, dus à l'inspiration de l'architecte Jean Nouvel, qui passa son enfance à Sarlat, respectent la poésie originelle du lieu. La transparence de la construction favorise la découverte de la domus des Bouquets, cette maison gallo-romaine des Ier et IIe siècles qui conserve des éléments particulièrement lisibles.

Un très riche fonds gallo-romain est rassemblé au nouveau musée.
(Photos Denis Nidos, ville de Périgueux)

L'empreinte de la Renaissance

Après les ravages démographiques de la peste noire, les exactions de la guerre de Cent Ans, Périgueux gagne enfin le droit d'accéder à un nouveau printemps, et se métamorphose en s'ouvrant à la Renaissance, se parant d'architectures qui ont conservé leur pouvoir de séduction. Surgissant des années obscures, la lumière ciselée des hôtels particuliers réchauffe la ville : hôtel de Mèredieu, maison Estignard, logis Saint-Front, maison du Pâtissier, maisons des Quais... La promenade dans la rue Limogeanne, principal axe piétonnier, est un enchantement pour les yeux doublé d'un étonnant plongeon dans le temps. S'y succèdent tympans sculptés, fenêtres à meneaux, façades finement ornées...

Les guerres de Religion amorcent un déclin de Périgueux, qui végète dans l'ombre de Bordeaux, jusqu'à ce que l'avènement du chemin de fer, sous le Second Empire, lui permette de s'émanciper et de prendre un nouvel essor. L'agglomération périgourdine compte aujourd'hui plus de 70 000 habitants.

Pour conjuguer les cadeaux de l'histoire aux plaisirs de la vitalité contemporaine, rien ne vaut les jours de marché. Exubérance des couleurs, chaleur des accents d'un terroir généreux, places et ruelles bouillonnent d'une effervescence intemporelle. Place de la Clautre, sous le haut patronage de la cathédrale, place du Coderc ou place Saint-Louis en hiver pour l'alléchant marché au gras, vous vous mêlerez à une population qui de génération en génération, a su composer avec la modernité en préservant ses traditions.

L'hôtel Gamenson. (Photo Office du tourisme de Périgueux)

Le jardin municipal de l'Espace des Remparts se marie à l'architecture de l'hôtel de Fayolle.

L'esprit de l'escalier

Le quartier Renaissance de Périgueux possède un somptueux ensemble d'escaliers. Certains ne se découvrent que dans le cadre de visites proposées par l'office de tourisme. Une fois poussées des portes parfois anodines, se dévoilent colonnes torsadées, arcs moulurés, galeries en fer forgé... Entre autres, les plafonds de l'escalier de l'hôtel de Saint-Astier ou de l'hôtel de la Joubertie flamboient de précieux ornements. Gravissez sans modération ces degrés du plaisir.

L'escalier de l'hôtel de la Joubertie, rue de la Sagesse. (Photo Office du tourisme de Périgueux)

L'ensemble Renaissance des « maisons des Quais » se mire dans l'eau de l'Isle.

Trompeuse visite

Un original musée privé vient de s'installer à Périgueux, celui du Trompe-l'Œil, où dans « le monde magique des apparences », les décors se jouent espièglement de votre perception.

(Photo Hervé Brunaux)

Le festival Mimos, temps fort de l'été périgourdin. (Photo ville de Périgueux)

Des étés culturels

Depuis quelques années, Périgueux émerge peu à peu de sa torpeur culturelle. L'été venu, il est divertissant de parcourir le quartier sauvegardé, d'y siroter un verre à l'une de ses nombreuses terrasses, au son jazzy des formations qui égaient les placettes. Les festivals se multiplient, animant en une belle harmonie un cadre privilégié. Le plus important est le festival international de théâtre gestuel Mimos, qui fait proliférer dans les recoins du quartier et les salles de la ville d'étranges créatures, au silence particulièrement éloquent. Périgueux accueille aussi en juin un festival de la correspondance, Le Pied de la Lettre, et voit en juillet, dans les rues et les galeries, fusionner poésie et art actuels lors du festival Expoésie. Fin août a lieu la finale d'un radio-crochet géant, qui fait danser les quartiers au rythme de la chanson française.

Si vous désirez vous régaler de mets et de mots, il faut par contre attendre le mois de novembre – une année sur deux – et les fastes du Salon international du Livre gourmand.

Poètes et artistes rencontrent le public dans le vieux Périgueux, lors du festival international Expoésie.

SUIVEZ LA CREMPSE

À partir de Périgueux, l'Isle file franchement plein ouest, élargissant son cours et son bassin. Les principales villes de la vallée, Saint-Astier, Neuvic-sur-l'Isle, Mussidan et Montpon-Ménestérol, accroissent chaque année leurs ressources démographiques et leur attraction économique, phénomène accentué par l'apparition de l'autoroute A 89, qui les

Le château de Neuvic est constitué de deux logis disposés en équerre.

La ville de Saint-Astier se serait élevée autour de l'ermitage d'Astérius, mort au VIIe siècle.

rapproche temporellement de Bordeaux et Périgueux.

Saint-Astier, ville des carrières de chaux, toise la vallée par le vertigineux clocher-tour de son église fortifiée. Du haut de ses 48 mètres, il se distrait tous les jeudis du sympathique grouillement du marché.

À Neuvic, vous ne manquerez pas la visite du château Renaissance en équerre, agrémenté d'une grotte romantique en bordure de rivière, et d'un vaste parc botanique où il fait bon déambuler entre les arbres rares et les massifs chamarrés.

L'Isle, vue depuis le château de Neuvic.

Le casse du siècle

Le maquis du Périgord fut, durant la Seconde Guerre mondiale, un des hauts lieux de la résistance à l'occupant, et la gare de Neuvic-sur-l'Isle le théâtre d'une de ses plus rocambolesques passes d'armes. Le casse du XXe siècle, loin devant l'attaque du train Glasgow-Londres.

À Périgueux, la Banque de France abrite en 1944 la plupart des encaisses du Bordelais, car les bombardements des villes portuaires inquiètent les Allemands. Le préfet de Dordogne apprend que doit avoir lieu un transfert ferroviaire de plus de deux milliards de francs, vers Bordeaux, par crainte d'un coup de force du maquis. Il prévient la Résistance.

Tel est pris qui croyait prendre, le coup de force que l'on voulait éviter va s'en trouver précipité. Les hommes des F.F.I. attaquent le train, et après quelques péripéties dues à un violent orage et à une panne de camion, parviennent à rallier leur petit PC des bois de Cendrieux. Ils y sont réconfortés par un plat de sardines et un verre de vin, seule récompense matérielle qu'ils retireront de l'aventure.

Le pactole sera réparti entre les différentes familles politiques qui composent la Résistance. On en perdra pourtant la trace d'une partie considérable, que l'on soupçonne encore aujourd'hui d'avoir servi davantage des intérêts personnels que de nobles causes, et qui alimentera sans doute longtemps rumeurs et conversations à l'aune de ce fait divers reconverti en mythe.

Une scène de « La vache et le pigeonnier », dans la vallée du Vern, à Grignols...

Près de Neuvic, Grignols, sur le Vern, pelotonné au pied de la forteresse qui fut la demeure des Talleyrand-Périgord jusqu'au XIXe siècle, est un village vivant où les belles maisons de pierre blanche et la vieille halle ont recouvré tout leur lustre.

Ce bâtiment du début du XVIIIe siècle au toit caractéristique de la région, est aujourd'hui la mairie de Saint-Front-de-Pradoux.

Le château de Mauriac, près de Douzillac.

À Mussidan, patrimoine et savoir-faire aux saveurs surannées s'exposent au musée Voulgre des Arts et Traditions populaires. Place forte anglaise durant la guerre de Cent Ans, la ville fut maintes fois ravagée et eut encore en 1944 à subir les barbares assauts de l'occupant.

Dominé par le château de Montréal – il aurait donné son nom à la cité québécoise –, sa double enceinte, ses souterrains, et sa chapelle du XVe

siècle qui motivait un pèlerinage autour de la relique de la Sainte Épine, le ruisseau de la Crempse est escorté de très estimables parages. Depuis Mussidan jusqu'à Beauregard-et-Bassac, de part et d'autre de cette vallée admirable, surgissent des frondaisons les toits mansardés d'opulentes maisons, courent le long des chemins d'innombrables rus aux reflets de cresson. Les roues des moulins taquinent encore l'eau claire – moulin de Séguinou à Mussidan, moulin du Pont à Douville, moulin de Pomport à Beauregard.

Le château de Grignols, démoli par le prince de Condé en 1652, conserve néanmoins de beaux éléments défensifs, et a été soigneusement remeublé. (Photo H. Brunaux)

Le seigneur du château de Montréal, compagnon de Jacques Cartier, aurait donné son nom à la ville québécoise. (Photo Château de Montréal)

Le village de Clermont-de-Beauregard domine la vallée du Caudau.

Des villages coupés de l'agitation contemporaine dévoilent avec pudeur leurs charmes ruraux. Au sud-est du cours du ruisseau apparaissent Montagnac-la-Crempse et son hameau de La Grange, Saint-Martin-des-Combes sur un prolongement du Caudeau, Saint-Georges-de-Mont-

Vieux monuments et vie quotidienne se rejoignent à Montagnac-la-Crempse.

Le château de Saint-Georges-de-Monclard reprend vie autour de son donjon.

clard avec son donjon et ses résidences blotties dans la forêt de Montclard, Clermont-de-Beauregard qui regarde le château de la Gaubertie où palpite le souvenir de Béatrice Dalle et du tournage des *Bois noirs*. Vers

À Saint-Martin-des-Combes, le château de la Gaubertie, où Jacques Deray tourna « Les Bois noirs ».

À gauche : ***Une des maisons de Saint-Jean-d'Estissac au cœur d'une vaste forêt.***

En bas et à droite : ***À Villamblard, les ruines du château de Barrière constituent les derniers vestiges de la place forte médiévale.***

Villamblard, ancienne châtellenie où liqueurs et sirops font la réputation de la distillerie Clovis Reymond, Saint-Jean-d'Estissac somnole entre ses deux manoirs, et Jaure près de sa fontaine Saint-Firmin, son église et son château restauré au XIXe siècle par un compagnon du tsar.

Au château de Jaure, fut élaborée en 1892 l'alliance franco-russe.

LE LANDAIS ET LA DOUBLE

Après Mussidan, aussi dense que celle de la Double mais moins saupoudrée d'étangs, s'étend la forêt du Landais, qui fait la transition avec le Périgord pourpre et ses vignobles. Dédaignée des dépliants – ce qui n'empêche pas de nombreux étrangers de s'y implanter –, cette région ne dépare pourtant pas l'image du Périgord. Elle est traversée de vallées courtisées par les amateurs de nature cordiale et de villages à l'authenticité épargnée.

La basse vallée de l'Isle fait office de frontière entre le Landais et la Double, au nord. C'est dans la Double qu'Eugène Le Roy a situé l'action de son roman *L'Ennemi de la mort*. Un jeune médecin y brûle son énergie à convaincre les paysans d'assécher leurs étangs pour éradiquer les fièvres meurtrières. Le Roy livre là un poignant témoignage, sans concession à l'exotisme provincial, sur les mentalités, la vie rude en Périgord au XIXe siècle. « De tous ces étangs épars aux queues interminables où pourrissaient dans la fange les végétaux champêtres et aquatiques, ainsi que des jonchaies et des marais aux boues infectes, s'élevaient des vapeurs pestilentielles qui s'épandaient sur le pays sauvage et solitaire. » Pas vraiment attrayant...

Comme ce séchoir à maïs, certains éléments ruraux de la Double semblent figés depuis des décennies.

De vastes pinèdes parsèment la forêt de la Double.

L'étang de la Jemaye.

Aujourd'hui, heureusement, le vocabulaire s'adoucit devant ces paysages métamorphosés, où, comme à La Jemaye, les étangs aménagés accueillent désormais des vacanciers heureux de respirer un air assaini, où les forêts débarrassées des loups et des brigands ne couvent plus de leurs mystères que de débonnaires champignons.

La Double, cette « petite Sologne » encore épargnée par les grandes migrations estivales, est devenue un

paradis de tranquillité, où les chemins slaloment entre de grosses fermes esseulées, sautent des ruisselets aux confidences enjôleuses, perforent des bois profonds frémissants de bruyère, frôlent les roseaux des nauves marécageuses. Relief ou climat, la modération est au pouvoir.

L'habitat traditionnel de la Double, torchis et bois, se distingue de celui des autres régions du Périgord. Il exprime sa sobre personnalité au hameau de Gamanson, doté d'un bel ensemble du XVIIIe siècle, et près d'Échourgnac, à la ferme du Parcot, qui abrite un écomusée.

En haut et page de gauche :
Près de Saint-Laurent-des-Hommes, le lieu-dit Gamanson est un bijou d'architecture typique de la Double.

La foire de la Latière

Au sud de Saint-Aulaye, dans une trouée au cœur de la sombre forêt de la Double, se tient les 30 avril et 10 septembre une des foires rurales les plus importantes du département. Foule et bétail s'y côtoient dans une chaleureuse atmosphère étayée comme il se doit par les plaisirs de la table.

L'abbaye Notre-Dame-de-Bonne-Espérance à Échourgnac.

Du caviar en Périgord

Si l'on évoque l'or noir du Périgord, l'oreille du gastronome averti croit dans un réflexe entendre l'appel de la truffe. C'est sans compter avec les féconds esturgeons d'une pisciculture de Montpon-Ménestérol. Depuis 1994, la société Estudor produit un caviar apprécié, loin de la Volga ou de la mer Caspienne.

L'église millénaire de Saint-Martin-l'Astier.

Le village d'Échourgnac est aussi connu pour son monastère trappiste de Bonne-Espérance, qui attise le péché de gourmandise par sa production de fromage.

Cette région ne recèle pas un chapelet de sites balisés, elle se déguste plutôt au hasard des balades, l'esprit aux aguets de jolies surprises, comme une église en grès de Double à Saint-André-de-Double.

Aux confins de la Double, vers l'est, méritent aussi un détour les villages de Segonzac et Saint-Aquilin avec leurs châteaux, le retable sculpté de l'église de Saint-Sulpice-de-Roumagnac, les délicates poteries de Florence de Sacy à Douzillac...

L'église de Segonzac possède de beaux chapiteaux sculptés.

À partir de Montpon-Ménestérol, si l'on a encore le cœur et les pieds en Périgord, on sait que la vallée de l'Isle va bientôt devenir girondine, au moins jusqu'à Libourne, où l'attend le giron de la plantureuse Dordogne. À Montpon, il est encore temps de visiter des églises dans lesquelles résonnent des orgues réputés.

La charmante église de Saint-Michel-de-Double.

La fête occitane de la Félibrée, à Montpon-Ménestérol.

L'héritage des troubadours

Comme en Provence, nombreux sont les artistes qui aiment à se réfugier en Périgord pour goûter anonymat et sérénité propices à la création. Peut-être davantage que les peintres locaux, lointains successeurs de ceux de Lascaux et imprégnés depuis toujours des bontés de leur berceau géographique, les étrangers sont sensibles à la richesse des paysages et envoûtés par une lumière rare, déjà vantée par Ridley Scott, dit-on, lorsqu'il tournait Les Duellistes *en Sarladais.*
Des écrivains aussi se sont laissé séduire, et avec bonheur ont caressé les muses dans quelque demeure de famille ou quelque hôtel de fortune. On peut évoquer Henry Miller, Julien Gracq, ou François Augiéras évoquant les appels mystiques des eaux de la Dordogne : « On dirait les bords du Gange au sortir de l'Himalaya ! »

Homme jouant de la flûte et enfant jonglant avec des balles. (BnF, ms. lat. 1118, f° 111)

Un portrait de Brantôme, au château de Richemont. (Photo Cl. Herlédan)

De Montaigne à Augiéras

Les zélateurs du Périgord n'en sont donc souvent pas originaires, et les atouts champêtres revendiqués aujourd'hui pouvaient être considérés comme des défauts avant l'avènement du tourisme au XXe *siècle. Même si elles n'ont pas toujours chanté les charmes de leur terre natale, beaucoup de plumes illustres ont vu le jour en Dordogne.*
On croise tout au long de notre histoire littéraire des noms flamboyant de postérité comme ceux des inséparables La Boétie et Montaigne, de Brantôme, à la fois guerrier et attentif aux Dames galantes, *de Fénelon, le « Cygne de Cambrai », de Joseph Joubert, sagace moraliste, de François Maine de Biran à la pensée brillante, ou encore de Léon Bloy, le fielleux et talentueux pamphlétaire. Eugène Le Roy a été popularisé par la série télévisée qui a été adaptée de* Jacquou le Croquant, *mais est aussi l'auteur de beaucoup d'autres romans emblématiques sur la société périgordine.*

Depuis quelques années, l'œuvre de François Augiéras, écrivain et peintre maudit, mort à Montignac en 1971 dévoré de détresse, suscite un engouement croissant.
Si on ne peut sans doute pas plus que pour un autre département parler d'une terre d'écrivains, la Dordogne a pourtant connu un âge d'or en la matière, le temps des troubadours, longtemps éclipsé, jusqu'à ce que certains auteurs entreprennent de le tirer de l'oubli et de lui rendre la place prépondérante qui lui revient. Précurseur, le poète américain Ezra Pound s'est inspiré du travail des troubadours et l'a remis en lumière : « Si nous voulons comprendre cette partie de notre civilisation qu'est l'art des vers, nous sommes obligés de commencer à la source, et cette source est médiévale. »

L'humble pierre tombale de François Augiéras à Domme. (Photo H. Brunaux)

Fêtes et tolérance

Le Périgord a joué un rôle important aux XIIe et XIIIe siècles dans cette expression de l'art lyrique, apparue dans le sud de la France, et portée par les accents expressifs de la langue d'oc – encore privilégiée par de grands auteurs.

L'amour est au centre des préoccupations des troubadours. Il ne s'agit pas simplement d'aller conter fleurette à la dame courtisée, apparaissent un nouveau rapport au monde, une éthique de conquête graduelle, au lent accomplissement. Les chantres de la « fin'amor », cet amour extraconjugal, divinisent la femme mariée qui, souvent d'un rang social supérieur, les tient à la merci de ses faveurs. Le monde des troubadours et de l'amour courtois s'épanouit de château en château dans une atmosphère de fête et de tolérance, rapidement mise à mal par les incursions meurtrières du XIIIe siècle, en particulier les croisades contre les albigeois.

La Dordogne survivra

On a coutume de citer ces phrases d'Henry Miller, extraites du *Colosse de Maroussi* : « Cette visite à la Dordogne fut pour moi, je le répète, d'une importance capitale : il m'en reste un espoir pour l'avenir de l'espèce, et même de notre planète. Il se peut qu'un jour la France cesse d'exister, mais la Dordogne survivra, tout comme les rêves dont se nourrit l'âme humaine. »

Bertran de Born, le guerrier troubadour.
(BnF, ms. fr. 854, f° 121)

L'éloge de Dante

La poésie occitane s'exprime à travers différents genres codifiés et mis en musique. Le Périgord a semble-t-il produit les plus experts troubadours puisque Dante Alighieri lui-même dresse l'éloge de trois d'entre eux qui en sont natifs, Bertran de Born, Arnaut Daniel, Giraud de Borneil, chacun possédant un style caractéristique. Bertran exalte aussi bien la subtile courtoisie que les plaisirs guerriers, alors qu'Arnaud, dans une belle étrangeté poétique, « amasse le vent/et chasse le lièvre avec le bœuf/et nage contre le courant ».

La maison de La Boétie, à Sarlat.

La Vézère, grand témoin d'humanité

La Vézère, qui sur quelques kilomètres se contente de jouer son rôle de frontière entre Corrèze et Dordogne, se décide à s'enfoncer résolument en Périgord noir aux abords de Terrasson, ville dont les pierres sombres et le puzzle des toits d'ardoise font encore révérence au Limousin. La rivière glisse sous la sobre beauté des six arches du Pont-Vieux (XIIe siècle), dont l'on obtient une vue plongeante depuis l'église gothique qui domine un entrelacs de ruelles rénovées.

Comme une excroissance du vieux Terrasson par leur inscription en pleine ville, les jardins de l'Imaginaire conjuguent modernité et périple à travers l'histoire des jardins.

Page de gauche
Avec ses 5,50 mètres de longueur, ce taureau de Lascaux constitue la plus grande peinture préhistorique connue.
(Photo Semitour Périgord, Jean Grelet)

Terrasson-la-Villedieu, vue des jardins de l'Imaginaire.

Une formidable abbaye fortifiée veille sur le village de Saint-Amand-de-Coly.

Les tableaux de Rastignac

Renoir, Van Gogh, Cézanne... et bien d'autres maîtres se fréquentaient en peinture sur les murs du château de Rastignac, puis dans une malle à double fond lorsque les divisions allemandes commencèrent à semer la terreur et la mort dans la région, pendant l'Occupation. Après qu'elles eurent incendié le château, on pensa naturellement que les trésors artistiques étaient eux aussi partis en fumée. Mais leur propriétaire, un marchand d'art qui les avait dissimulés à Rastignac, a toujours été convaincu que l'impitoyable incendie avait simplement servi de diversion au vol des trente-trois tableaux. Si certaines toiles du gigantesque patrimoine pillé par les Allemands ont réapparu après la guerre puis après la chute du mur de Berlin, celles de Rastignac, malgré plusieurs enquêtes, demeurent introuvables.

VOYAGES SOUTERRAINS

Depuis Terrasson, si une subite envie de fraîcheur vous taraude, vous pouvez remonter au nord, en direction de Villac, les petites gorges de l'Elle, ou partir en sens inverse, vers Condat-sur-Vézère, sa commanderie templière et son moulin du XVIIIe siècle, au pied duquel le Coly s'offre à la Vézère en de joyeuses cascatelles.

Au sud de Condat, la route qui serpente jusqu'à Saint-Amand-de-Coly est une véritable bénédiction pour cycliste flâneur. Soudain s'élève au loin vers le ciel un formidable clocher-donjon roman, à l'austérité martiale atténuée par la teinte chaude de ses murs, qui étendent leur ombre protectrice sur le village aux toits de lauzes. Edifiée au XIIe siècle sur les ruines d'un monastère du VIe, l'église fortifiée de Saint-Amand, si elle accueille de nos jours les accords harmonieux du festival de musique classique du Périgord noir, était au Moyen Âge davantage habituée au son noir des batailles. Dans cette forteresse spirituelle, en 1575, des huguenots résistèrent durant six jours aux vingt mille soldats du sénéchal du Périgord.

De Saint-Amand-de-Coly, on rejoint rapidement Montignac, ses quais placides et son château démantelé qui jadis reflétait la puissance des comtes du Périgord. Maintenant ce gros bourg se dénomme carrément Montignac-Lascaux, tellement la caverne aux somptueuses fresques éclipse tous les sites alentour de sa célébrité. Si les parfums et le mystère sacré de la grotte originelle sont à jamais préservés derrière une porte infranchissable au public, Lascaux II, le fac-similé, permet d'effleurer, en un enjambement magique, un peu de l'âme subtile de nos ancêtres magdaléniens.

La falaise troglodytique de La Roque-Saint-Christophe a été habitée pendant des siècles.
(Photo La Roque-Saint-Christophe)

Montignac est le véritable seuil de cette portion de la vallée de la Vézère qui, jusqu'à la Dordogne, à chacun de vos pas propose une splendeur préhistorique. Déjà, à quelques mètres de Lascaux s'ouvre le gisement du Regourdou (prononcez Régourdou). Il est dorénavant considéré comme un site majeur, ce n'aurait pas été le cas sans l'intuitive obsession d'un homme, Roger Constant, persuadé qu'en transformant sa propriété en gruyère, il découvrirait de nouvelles entrées de Lascaux. Il finit par mettre au jour un squelette vieux de 80 000 ans – Néandertal supérieur –, puis des ossements d'ours. On raillait de moins en moins l'olibrius qui hébergeait des ours européens à côté de deux béantes excavations, et la communauté scientifique commença à s'intéresser sérieusement au Regourdou.

Avant la profusion inégalée des Eyzies, d'autres sites préhistoriques retiennent l'attention, comme la « grotte aux Cent Mammouths », à Rouffignac, profond réseau que vous parcourez confortablement installé dans un train électrique qui laisse tout

loisir d'admirer les exceptionnelles figures du Magdalénien moyen.

Dans les abris-sous-roche de Castel-Merle, à Sergeac, on découvrit les plus anciens bijoux d'Europe, au Moustier le célèbre abri qui révéla un squelette néandertalien a donné son nom à l'époque moustérienne (- 70 000 ans), à La Micoque la stratigraphie démontre plus de 300 000 ans d'occupation humaine continue, à l'abri de La Ferrassie furent exhumées huit sépultures néandertaliennes, à Cap Blanc une frise monumentale fait surgir de la paroi rennes, bisons et chevaux...

Mais vos pérégrinations dans cette vallée classée patrimoine mondial de l'humanité par l'Unesco vous auront aussi conduit nécessairement au pied de la Roque-Saint-Christophe, fort troglodytique de cinq étages et immense terrasse naturelle de 900 mètres de longueur. Criblée de niches creusées dans le rocher, elle abritait et protégeait les hommes, qui y ont vécu en autarcie avec leurs animaux domestiques, depuis le Moustérien jusqu'au Moyen Âge.

Autre exemple de falaise aménagée, le site de La Madeleine, éponyme du Magdalénien, dont la situation en à-pic sur la rivière, si elle lui confère aujourd'hui un cachet certain, lui permit autrefois de résister aux incursions des Vikings.

Au Roc de Cazelle, à l'est des Eyzies, on a privilégié l'aspect pédagogique, avec force mises en scène de personnages qui enthousiasment les enfants.

La grotte de Rouffignac renferme la moitié des représentations préhistoriques de mammouths connues.
(Photo J. Plassard)

À gauche
Un grand cheval sculpté, à l'abri-sous-roche du Cap Blanc.
(Photo Archambeau)

En bas
Pointe en silex, Moustérien (Saint-Sauveur-de-Bergerac) et biface, Moustérien de tradition acheuléenne (région de Bergerac).
Collections ville de Périgueux, Musée du Périgord. (Photo F. Perret)

Le berceau de la préhistoire

Dès la préhistoire, les hommes semblaient apprécier en Périgord les ingrédients qui nous séduisent aujourd'hui : la gastronomie, favorisée par les étendues giboyeuses et les rivières poissonneuses, la rude noblesse des paysages, avec ces falaises calcaires, grignotées par l'eau et le gel pour offrir d'agréables chaumières, le climat bienveillant, entre les périodes glaciaires du Quaternaire, d'une région idéalement située à égale distance du pôle Nord et de l'équateur. Si l'état actuel des connaissances continue de privilégier une apparition de l'homme en Afrique, les facteurs précédents expliquent en partie la fascinante continuité d'occupation humaine du Périgord.

Moulage du squelette de l'homme de Combe-Capelle, commune de Saint-Avit-Sénieur, Dordogne, époque indéterminée.
Collections Ville de Périgueux, Musée du Périgord.
(Photo Musée du Périgord)

Les Eyzies, centre du monde préhistorique

Plusieurs siècles après les hommes préhistoriques, ce pays de cocagne attire leurs lointains rejetons scientifiques, qui ne cessent d'accourir du monde entier pour humer, chatouiller, gratter les parages de la Vézère depuis plus d'un siècle.
Le hasard d'un heureux coup de pioche consacre en 1868 la paisible bourgade des Eyzies capitale mondiale de la préhistoire, en déterrant les squelettes d'hommes de Cro-Magnon, premiers hommes modernes – carrément « sapiens sapiens » – dont la réputation draine alors de fiévreuses cohortes de savants fouineurs ou de trafiquants alléchés, accompagnés au XXe siècle des adeptes d'un inédit tourisme culturel.

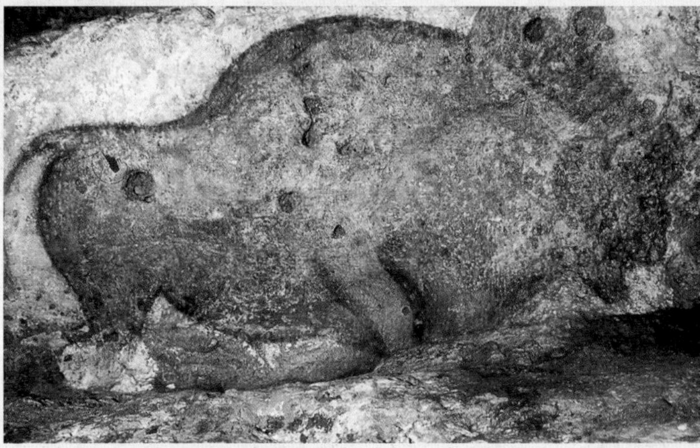

Un bison de la grotte de Font-de-Gaume. (Photo Musée national de Préhistoire, Les Eyzies.)

Le Musée national de Préhistoire

A l'heure où se précisait la constitution d'un « Pôle international de la Préhistoire », qui cherche à donner une dynamique commune aux sites afin d'éclaircir la vision d'ensemble de la préhistoire, le Musée national des Eyzies, en la matière un des maillons essentiels du département, a fait peau neuve. Le château ruiné qui épousait les courbes de la falaise, a dû s'adapter à l'augmentation de la « consommation » de préhistoire. De nouvelles salles permettent dorénavant d'apprécier de façon confortable et didactique les prestigieuses collections, et de remonter le cours de l'évolution humaine au fil des squelettes, des outils, des paysages reconstitués…

Très vite, d'autres sites exceptionnels sont mis au jour, si l'on peut dire, comme les grottes ornées de Font-de-Gaume ou des Combarelles, le gisement de Laugerie-Basse… Parmi les infatigables pionniers des fouilles, on peut citer Denis Peyrony, instituteur aux Eyzies, où il fonde le premier musée national de Préhistoire, et l'abbé Breuil, premier titulaire d'une chaire de préhistoire au Collège de France malgré les habituelles réticences de l'Église dès lors que la science vient écrire de nouveaux paragraphes des origines de l'humanité.
Les découvertes de squelettes d'animaux ou d'hommes – quatre adultes et cinq enfants à l'abri Pataud par exemple –, d'outils, de parures, se succèdent tout au long du XXe siècle. Si la vallée de la Vézère demeure le centre de gravité des

De plus en plus de sites mettent en scène la préhistoire de façon pédagogique, comme ici au Roc de Cazelle. (Photo Roc de Cazelle)

À droite : ***Quatorze dents perforées, Laugerie-Basse, commune des Eyzies, Magdalénien.*** Collections Ville de Périgueux, Musée du Périgord. (Photo F. Perret)

recherches et de tous les fantasmes archéologiques, d'autres endroits du Périgord apportent des contributions décisives à la recherche. Citons entre autres la vallée de la Couze, avec les sites de La Gravette, Jean-Blanc, Bourniquel, qui ont livré et continuent de livrer des apports précieux, la grotte de Teyjat, en Périgord vert, ou le site de Barbas, près de Bergerac, à la renommée internationale. Les scientifiques datent les trouvailles, comparent, reconstituent, et échelonnent dans le temps les civilisations. Si l'on a aussi exhumé des squelettes néandertaliens au Moustier, au Regourdou, à La Ferrassie, le Périgord connaît à partir de l'arrivée du nomade Cro-Magnon, il y a 35 000 ans, un peuplement majeur. L'homme du Paléolithique supérieur, chasseur-cueilleur qui habite l'entrée des cavités ou en plein air, débite les silex, les os, le bois, l'ivoire, pour confectionner des armes, des outils, puis des bijoux et des statuettes. L'apparition de techniques comme celle du propulseur qui permet de lancer de plus en plus loin les sagaies, principalement sur les rennes, très abondants, contribue à assurer durablement la subsistance et donc à favoriser la sédentarisation. Les noms des périodes du Paléolithique – « âge de la pierre taillée » – proviennent souvent de gisements éponymes découverts en Dordogne : Moustérien, Gravettien, Magdalénien...

Aiguilles à chas, Raymonden, commune de Chancelade, Dordogne, Magdalénien. Collections Ville de Périgueux, Musée du Périgord. (Photo F. Perret)

Harpon à sept barbelures, Le Souci, commune de Lalinde, Magdalénien supérieur. Collections Ville de Périgueux, Musée du Périgord. (Photo F. Perret)

Vues partielles de la salle des Taureaux, à Lascaux II. (Photo Semitour Périgord, Jean Grelet)

Lascaux, le choc universel

Après cette ruée sur le village des Eyzies et ses alentours, après cette prolifique frénésie de fouilles qui fit considérablement progresser la compréhension de nos origines, chercheurs et public sont bien sûr subjugués par les découvertes de grottes ornées, avec le cortège d'interrogations qui subsistent encore actuellement sur leurs significations sociale, artistique, religieuse ou magique.
Le choc de Lascaux associe définitivement dans l'esprit du grand public le Périgord à la préhistoire. « C'est de "l'homme de Lascaux" qu'à coup sûr et la première fois, nous pouvons enfin dire que, faisant œuvre d'art, il nous ressemblait, qu'évidemment, c'était notre semblable », écrit Georges Bataille dans Lascaux ou la naissance de l'art.
Il y avait pourtant eu des précédents dans l'exploration de grottes ornées, comme à Altamira (1875), en Espagne, ou même à La Mouthe (1895), près des Eyzies. Et les découvertes des œuvres de Font-de-Gaume et des Combarelles avaient convaincu les derniers sceptiques que ces hommes préhistoriques, en apparence si peu distingués, pouvaient développer des penchants spirituels et artistiques.
Puis viennent ces quatre gamins à la recherche de leur chien sur une colline de Montignac, qui, un jour fameux de septembre 1940, s'introduisent dans un trou étroit, et divulguent au monde entier le fabuleux bestiaire de Lascaux, endormi depuis 17 000 ans et réveillé pour imprégner d'intense émotion les esprits contemporains. Ronde vertigineuse des taureaux, bonds gracieux des cerfs, galops fougueux des chevaux, les fresques polychromes, fulgurants raccourcis d'humanité, émerveillent des milliers de visiteurs, avant d'avoir à payer la lourde rançon de leur succès. Après quinze ans d'ouverture au public, le flambeau du Magdalénien ferme, victime d'algues perfides générées par la pollution de l'air, puis d'un voile de calcite qui menacent les peintures. L'équilibre initial entre température, humidité et gaz carbonique sera finalement rétabli, mais les joyaux pariétaux demeureront à jamais enfouis pour le plus grand nombre.
Alors s'allient l'audace et la technologie pour reconstituer la mythique caverne, et faire surgir de terre, vingt ans après sa fermeture, la jumelle Lascaux II, qui reproduit fidèlement le décor de son illustre voisine.

Lascaux II, le fac-similé

Lorsque les portes de la « huitième merveille du monde », ou, au choix, de la « chapelle Sixtine de la préhistoire », se referment aux yeux de la planète, émerge l'idée d'un fac-similé, évoquée dès 1963 par André Malraux, ministre des Affaires culturelles.
Le peintre Monique Peytral reprend fidèlement les techniques picturales du Paléolithique, applique au pinceau végétal, aux doigts, ou souffle à la pipette des minéraux préalablement broyés pour obtenir les divers pigments. Lascaux II, novatrice et géniale copie en ferro-ciment, qui aujourd'hui inspire elle-même d'autres sites, ouvre en 1983, après rachat des lieux et des droits par le Département, et s'installe vite parmi les fleurons du tourisme français, laissant à quelques mètres son envoûtant modèle profiter à jamais de sa tranquillité retrouvée.

Une frise de cerfs à Lascaux II. (Photo Semitour Périgord, Vincent Sarrazin)

En matière de préhistoire, ce pari réussi permet au Périgord de maintenir intacte la capacité d'attraction de sa réputation.
Dans les années 90, la succession de magnifiques découvertes, comme les grottes de Cosquer (Bouches-du-Rhône), ou de Chauvet (Ardèche), semble susceptible de mettre à mal cette suprématie. Elle confirme avant tout que la concentration des sites en Périgord est aussi due à des recherches fructueuses qui n'avaient pas encore été systématiquement menées dans d'autres lieux propices. Mais en 2001, un spéléologue redresse la fierté vacillante des Périgordins, en éclairant les entrailles de la grotte de Cussac.

Vache noire de Lascaux représentée au musée du Thot car non reproduite sur le site de Lascaux II. (Photo Semitour Périgord, Vincent Sarrazin)

Un aurochs au Thot, parc dont la visite est jumelée avec Lascaux II. (Photo Semitour Périgord, Vincent Sarrazin)

La grotte de Cussac

Le samedi 30 septembre 2000, au plus profond de l'obscurité, le spéléologue Marc Delluc reçoit en plein regard les traits de lumière de la grotte de Cussac, près de Saint-Cyprien. Amateur averti, après des jours d'efforts pour élargir une ouverture prometteuse, il a su préserver consciencieusement les sols du sanctuaire, qui purent livrer intacts, contrairement à ce qu'il s'était passé à Lascaux, les trésors qu'ils recélaient, en particulier des ossements humains contemporains des gravures – très anciennes, plus de 25 000 ans –, ce qui constitue une déflagration scientifique. Quant aux figures enchevêtrées qui ornent les parois, elles sont incomparables par leur taille, leur nombre, leur âge… On ne commettra pas à Cussac, désormais référence absolue pour les gravures paléolithiques, les mêmes erreurs qu'à Lascaux. La cavité restera fermée, mais pour le bonheur démocratique de tous les yeux, un fac-similé devrait en être bientôt réalisé.

Le musée national de Préhistoire, encastré dans une falaise des Eyzies.

LE FOISONNEMENT DES EYZIES

Une telle concentration de témoignages émeut autant qu'elle ébahit, et pourtant le voyage dans le temps s'accélère encore en traversant Les Eyzies, bourg mythique coincé entre le serpent brun de la Vézère et l'auguste ronde des falaises piquetées de refuges troglodytiques. Tout, dans ce paisible sanctuaire qui se mue en ruche durant l'été, gravite autour de la préhistoire, du nom des rues jusqu'au réputé musée national qui rassemble la plus importante collection paléolithique de France, en passant par les inévitables boutiques saisonnières. La gastronomie s'y fraie quand même un passage remarqué dans le sillage de Roland Mazère, chef étoilé du Centenaire.

Outre le musée national, sont ouverts au public l'abri du Poisson, qui comme son nom l'indique arbore sur sa voûte un saumon, sculpté il y a 25 000 ans, l'abri Pataud et son petit musée, les gisements de Laugerie-Basse et Laugerie-Haute, où sur environ 200 mètres ont été recueillis outillage et objets d'art mobilier. Si vous êtes amateur de gravures, vous serez comblé par l'étroit couloir de la grotte des Combarelles.

Plus spectaculaire encore, la grotte de Font-de-Gaume. Profitez de sa visite – subordonnée à réservation – pour déployer tous vos sens dans les entrailles de ce chef-d'œuvre de l'art pariétal, car Font-de-Gaume est la dernière cavité aux peintures polychromes ouverte en Europe. Les couleurs, les lignes recherchées des bisons et des rennes prendront une place privilégiée dans vos souvenirs du Périgord.

Le saumon sculpté de l'abri du Poisson est vieux de 25 000 ans.
(Musée national de Préhistoire, Les Eyzies)

Le gouffre de Proumeyssac et ses fontaines pétrifiantes. (Photo Alain Francès)

Quelques kilomètres plus loin, en direction de Sarlat, la grotte de Bernifal s'orne entre autres elle aussi de remarquables peintures, mais elles se « limitent » à une monochromie noire ou rouge.

Si à la sortie des Eyzies, encore submergé d'émotion d'avoir renoué avec le geste et l'esprit de si lointains ancêtres, vous n'êtes pas rassasié de préhistoire, l'inépuisable vallée de la Vézère comblera superbement votre appétit à proximité du Bugue. Vous serez intrigués par les signes tectiformes tracés dans la roche friable de la grotte de Bara-Bahau, ou par le « sorcier » de Saint-Cirq, une des rares représentations masculines préhistoriques.

Près du Bugue, une autre fameuse cavité, le gouffre de Proumeyssac, féerie de 50 mètres de hauteur où la beauté de puissantes colonnes répond aux fontaines pétrifiantes et autres gours ou draperies, prouve que dans la vallée les chefs-d'œuvre souterrains peuvent aussi avoir été forgés par la talentueuse Dame Nature. En témoignent de même aux Eyzies les grottes de Carpe-Diem et surtout du Grand-Roc, où les concrétions excentriques divaguent au mépris de la pesanteur.

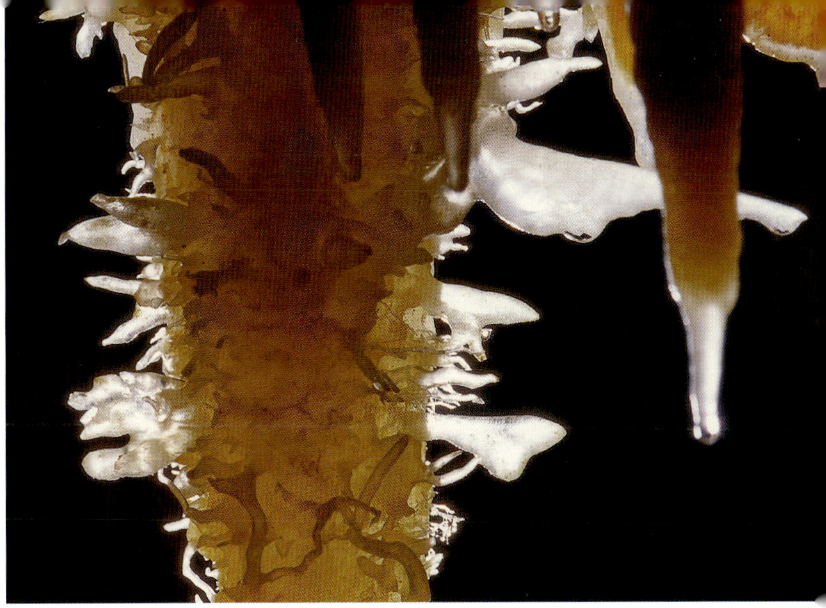

Concrétions excentriques à la grotte du Grand Roc. (Photo M. Levillain)

À Proumeyssac, on peut refaire en nacelle le chemin des découvreurs du gouffre. (Photo Alain Francès)

Lavande et romarin, pour le « jardin bas » de Losse, subtilement recréé.

UN PATRIMOINE QUI REVIT

L'abondance de bienfaits souterrains de cette partie du Périgord ne doit pas occulter l'égale profusion qui règne en surface.

Les châteaux, tous plus apprêtés les uns que les autres, s'y croisent ici presque aussi fréquemment que les cèpes au mois d'octobre.

De Sauvebœuf, à Aubas, rare exemple de château classique en Dordogne, on ne visite que les extérieurs.

Descendre la Vézère en canoë équivaut à s'emplir les yeux de merveilles, tel le château de Losse.

Les douves sèches de Losse.

Les canons de la Vézère

Le bourg de Plazac.

Pour vous offrir une originale promenade tout imprégnée d'histoire, vous pouvez suivre des chemins bucoliques, le long desquels un fléchage matérialise les itinéraires qu'empruntèrent, entre 1691 et 1830, les canons forgés à Auberoche, Ans et Plazac, pour rejoindre le port du Moustier, sur la Vézère. D'autres forges communiquaient avec les ports du Bugue ou de la Grambaudie (près de Saint-Léon-sur-Vézère). Sur des chemins souvent détrempés et défoncés, les gros canons destinés aux batteries basses des vaisseaux de premier et deuxième rang, crevaient les bœufs qui tiraient les charrettes, avant d'embarquer pour l'arsenal de Rochefort, via Libourne et Bordeaux.

Le château de Losse, près de Montignac, mire sa façade Renaissance percée de larges baies dans les eaux sombres de la Vézère. Jacqueline Van der Schueren a su y récréer une série de jardins en totale harmonie avec l'architecture qui renoue avec sa magnificence d'antan.

Les trésors de cette région doivent beaucoup au goût et à l'obstination des femmes, puisqu'à quelques kilomètres de Losse, au sommet de la côte de Jor qui offre une vue incomparable, Marie-Joëlle Watt a relevé d'une décrépitude annoncée le château de Chabans. Il irradie dès lors de ses pierres blondes et de ses nouveaux jardins, sans se soucier du voisinage anachronique d'un centre bouddhiste tibétain très en vogue. Le château, qui présente un riche mobilier d'époque, a fourni – en perdant un « s » – son nom de guerre au jeune résistant Jacques Delmas.

En bas à gauche
Le château de Chabans, au-dessus de la tranquille vallée du Moustier, a été magnifiquement restauré.
(Photo Château de Chabans)

Le centre bouddhiste Dagpo Kagyuling de la côte de Jor.
(Photo A. Parinet)

Le château de l'Herm fut brûlé dans le roman d'Eugène Le Roy, « Jacquou le Croquant ».

Le château de Puymartin.
(Photo Cl. Herlédan)

Le majestueux château de Commarque aujourd'hui aménagé pour la visite.

Dans un autre genre, après avoir remonté l'exquise vallée du Moustier et traversé Rouffignac, vous succomberez à l'attrait funèbre des ruines du château de l'Herm, théâtre de crimes et de complots.

Plus au sud, en direction de Sarlat, la silhouette du château de Puymartin surpasse les frondaisons. Encore hantée paraît-il par le souvenir de la Dame blanche qu'emmura un mari férocement jaloux, la

Vu de Commarque, le château de Laussel, par-delà la vallée de la Beune.

demeure brille par son mobilier ancien.

Entre Les Eyzies et Puymartin, face au château de Laussel, s'élèvent les ruines les plus romantiques du Périgord. Le donjon de Commarque, tel le mât d'un vaisseau fantôme, jaillit d'un océan boisé. Grâce à de récents aménagements, on peut accéder au sommet en toute sécurité et contempler entre les créneaux le mince filet d'eau dessiné par la Beune.

Près de Commarque, d'étranges constructions en pierre sèche jouent pour leur part sur le registre de la modestie rurale. À Saint-André-d'Allas, les pittoresques cabanes du Breuil, entre lesquelles quelques oies se dandinent en toute quiétude, forment un ensemble unique.

Scène de chasse au mammouth, au Préhisto-Parc de Tursac.
(Photo Préhisto-Parc)

En bas et à droite
Ancien artisanat, école d'autrefois... Embarquez pour un voyage dans le temps au village du Bournat.
(Photos Village du Bournat)

PARCS ET MUSÉES

Depuis quelques années, la vallée de la Vézère a vu fleurir musées et parcs de toutes sortes, fantaisies opportunistes ou rigoureux concepts. Dans cette dernière catégorie, on peut situer le musée de la Spéléologie aux Eyzies, acrobatiquement installé dans le fort troglodytique du Roc-de-Tayac, le musée des Fossiles de Peyzac-le-Moustier, le parc préhistorique du Thot, dont la visite est couplée avec celle de Lascaux II, le Préhisto-Parc de Tursac, qui a adopté une mise en scène didactique.

Dans la série des reconstitutions, le village du Bournat (la « ruche » en occitan), au Bugue, occupe une place de choix. Le bond dans la mémoire n'a qu'une centaine d'années d'amplitude, mais il est juste suffisant pour insuffler un tenace parfum de nostalgie à travers les démonstrations d'artisans armés de vénérables outils, le bistrot accueillant, l'école de Jules Ferry aux cartes de géographie jaunies, les manèges en bois ou les costumes traditionnels.

Le Bugue, point névralgique de la vallée, a su pallier le manque de personnalité de son architecture en jouant au bon moment la carte touristique, et dispose depuis d'un large éventail de curiosités. Outre le pittoresque Bournat, véritable village dans le village, la maison de la Vie sauvage et le musée de Paléontologie proposent initiations et expositions,

le parc ornithologique laisse s'égailler 145 espèces d'oiseaux et les bassins géants à ciel ouvert de l'Aquarium du Périgord noir – le plus grand aquarium privé d'Europe – procurent la sensation de se promener à l'intérieur même des cours d'eau.

Le dépaysement botanique n'est pas oublié puisqu'aux jardins d'Arborie on s'offre en quelques mètres une excursion en Asie au gré d'une collection de bonsaïs, avant d'aborder l'Amérique à travers un févier aux longues épines ramifiées, puis de poser le pied sur le sol africain pour contempler les monstrueux haricots de Nouvelle-Guinée qui ballottent sous une pergola.

Mais dans la région, si l'on évoque les jardins, c'est d'abord le nom de sa Majesté Eyrignac qui vient à l'esprit. A quelques kilomètres à l'ouest de la Vézère, près de Salignac-Eyvigues, un écrin champêtre abrite un bijou de sculptures végétales, où les différents tons de vert des topiaires s'entrelacent en de délicates structures. Dans cette composition française classique traversée d'influences italiennes, les jeux de perspectives et de couleurs promettent un spectacle étonnamment renouvelé.

Les splendides géométries de verdure du jardin d'Eyrignac.

L'aquarium du Périgord noir, au Bugue.
(Photo Parc Aquarium du Périgord Noir)

DES VILLAGES PRÉSERVÉS

La croix sculptée de la place de Fanlac.

Vous l'avez compris, un séjour dans les environs de la Vézère peut vite se transformer en un étourdissant tourbillon de visites. Mais la richesse de la vallée, qui malgré son succès conserve son caractère indomptable, peut à tout instant vous permettre d'emprunter des chemins de traverse pour renouer avec la tranquillité d'une nature généreuse, qui vous réserve elle aussi quelques motifs d'éblouissement devant des cachotteries de falaises ou des clairs-obscurs de clairières. Au long de vos promenades improvisées, vous croiserez fréquemment les beautés dissimulées du « petit patrimoine », comme cette croix hosannière à Sergeac, pays de Templiers. Au détour de routes paresseuses, des villages aux charmes préservés vous séduiront par leur ancestral langage de pierre. Ils sont innombrables, mais parmi eux on peut citer Fanlac, au cœur de la forêt Barade, Saint-Léon-sur-Vézère avec son château de Clérans et son église romane,

Chat de chair, chat de pierre, à Fanlac.

Les pieds dans l'eau, Saint-Léon-sur-Vézère au début du XXe siècle.
(Coll. I. Rousseau)

Épouvantails et chevalets

A Meyrals, vous pouvez conjuguer la découverte de lieux attachants aux plaisirs culturels. L'art s'invite ainsi aux champs lors du festival des Épouvantails.
Par ailleurs trois artistes se sont associés pour proposer un parcours entre leurs ateliers. Mi Desmedt, loin des canaux romantiques de sa ville de Bruges, vous fera apprécier les paysages vibrants de ses gravures périgordines. Guy Weir, gentleman-bourlingueur, nourrit aquarelles et carnets de ses pérégrinations aux quatre vents de la planète. Quant à Pascal Magis, au cœur du village, il compose avec énergie de grandes scènes abstraites tonitruantes de couleurs.

Fanlac, pittoresque village de la forêt Barade.

Les toits de Lauze de Saint-Geniès.

Ci-dessous et page de droite en bas : ***À Limeuil, un jardin-musée réhabilite des espèces oubliées.***

Les maisons de Saint-Geniès se serrent autour du clocher-porche fortifié.

voisins intimes de la rivière, ou Saint-Geniès, entre Montignac et Salignac, recroquevillé sous ses toitures de lauzes.

Gardien sud de la vallée, le ravissant village de Limeuil n'en finit pas de témoigner de l'allégeance de la Vézère à la Dordogne, dont vous pourrez attester après avoir escaladé les raides venelles. Dans l'une d'elles, Laurent Mallemouche, souffleur de verre, vous prouvera que les artisans ne se sont heureusement pas tous

réfugiés au village du Bournat. Le document consacré à la Route des métiers d'art en Périgord, disponible dans tous les offices de tourisme, vous en convaincra.

Près du bourg, avant de dire au revoir aux rives fécondes de la Vézère, faites un crochet par le jardin-musée de Véronique et Michel Guignard, qui vous convieront à une insolite et scientifique expédition, à travers un panorama historique de nos habitudes alimentaires.

Castelnaud (en haut) et Beynac (en bas), deux châteaux forts qui s'observent de part et d'autre de la Dordogne.

Un florilège de châteaux

Le visiteur qui sillonne les routes du Périgord doit penser qu'il chemine sur la terre la plus aristocratique qu'il soit. En effet, pas une minuscule vallée qui ne soit dominée par quelque tour crénelée, pas une combe sauvage qui ne recèle son antique manoir, pas un chemin forestier qui ne laisse apparaître entre les branchages d'hiver la noble architecture d'une gentilhommière. Puisqu'on ne prête qu'aux riches, la légende prête au Bon Dieu lui-même cette prodigalité. Le bienfaiteur, fatigué après une harassante distribution de monuments, se serait assoupi au-dessus des collines périgordes, sans prendre garde que dégringolaient de sa besace échauguettes, mâchicoulis et ponts-levis. La Dordogne devint alors le département le mieux doté en la matière.

Bizarrement, la version des historiens diffère sensiblement. Territoire tampon lors de terribles conflits comme la guerre de Cent Ans durant laquelle il se trouvait coincé entre les possessions anglaises et françaises, déchiré par les barbaries des guerres de Religion, le Périgord fut doté d'ouvrages défensifs pour les nécessités de ses seigneurs, qui souvent par ailleurs aimaient à méchamment se frictionner les uns les autres. La multiplication des hobereaux, les rivalités successorales contribuèrent aussi à ce foisonnement d'édifices. De toutes les formes, de toutes les époques, ils peuvent aller de l'altier Jumilhac aux poivrières habillées d'ardoises, jusqu'au logis sarladais à peine épaulé d'une tour carrée coiffée d'épaisses lauzes, en passant par le guerrier Beynac dont la silhouette épurée surveille encore farouchement la vallée de la Dordogne.

0
10 km
Limoges
HAUTE-VIENNE
87
Angoulême
CHARENTE
16
19
CORRÈZE
Brive-la-Gaillarde
CHAR.-MAR.
17
GIRONDE
33
46
LOT
47
LOT-ET-GARONNE
Cahors
Villeneuve-sur-Lot
Marmande
La Réole
Vienne
Charente
Tardoire
Dronne
Isle
Auvézère
Vézère
Dordogne
Lot
Garonne
Canal du Midi
N 10
N 141
N 21
D 704
A 20
D 674
D 708
D 939
D 85
D 705
N 89
D 710
D 936
D 933
D 660
D 104
D 911
D 60
A 89
A 62
N 20
Bussières-Badil
Varaignes
Piégut
Abjat-sur-Bandiat
Nontron
Connezac
St-Pardoux-la-Rivière
Jumilhac
Mareuil
Vieux-Mareuil
Puyguilhem
Thiviers
Vendoire
Richemont
La Hierce
La Marthonie
La Durantie
Lanouaille
Vaux
Brantôme
Bruzac
Verteillac
La Tour-Blanche
La Chapelle-Faucher
Essendiéras
Savignac-Lédrier
Excideuil
Bourdeilles
Aubeterre-sur-Dronne
Savignac-les-Églises
Montagrier
Villetoureix
Hautefort
Tourtoirac
Cumond
Ribérac
Tocane
Château-l'Évêque
Ségonzac
Caussade
Les Bories
St-Aquilin
Escoire
St-Aulaye
La Jemaye
St-Astier
Périgueux
StLaurent-sur-Manoire
Thenon
Rastignac
Terrasson-la-Villedieu
La Roche-Chalais
Servanches
Neuvic
Mauriac
Notre-Dame-de-Sanilhac
Condat
St-Pierre-de-Chignac
St-Martin-d'Astier
Douzillac
Grignols
Sauvebœuf
Sourzac
Jaure
L'Herm
Montignac
Mussidan
Villamblard
La Douze
Chaban
Losse
Vergt
Montpon-Ménestérol
Montréal
St-Hilaire-d'Estissac
Pont-St-Mamet
Cendrieux
St-Geniès
Villefranche-de-Lonchat
St-Martin-de-Gurson
Bosset
Beauregard
Clérans
Salignac-Eyvigues
Carsac-de-Gurson
Gurson
La Gaubertie
Clermont-de-Beauregard
Ste-Alvère
Laussel
Lunas
Montclard
Le Bugue
Commarque
Sarlat-la-Canéda
Eyrignac
Ginestet
Ste-Foy-de-Longas
Les Eyzies
Montaigne
Puymartin
Carlux
Campagne
Bergerac
Tiregand
Trémolat
Limeuil
Beynac
La Malartrie
Montcaret
Tuilières
Lalinde
Fénelon
Ste-Foy-la-Grande
Sanxet
Lanquais
Badefols
Cadouin
Fayrac
Montfort
La Roque-Gageac
Couze
Gageac-et-Rouillac
Monbazillac
Bannes
Molières
La Bourlie
Les Milandes
Castelnaud
Domme
Panisseau
Bridoire
La Jaubertie
Beaumont
Belvès
Lacoste
Marqueyssac
Sigoulès
Issigeac
Montferrand
Eymet
Monpazier
Besse
Biron
Villefranche-du-Périgord

Le château d'Excideuil avant sa restauration.
(Coll. Ch. Le Corre)

Des fonctions militaires

Les châteaux du Périgord portent souvent les témoignages d'architectures successives, Biron en est un exemple fameux. Cette variété d'aspect fait de leur découverte fortuite au fil d'une promenade, ou de leur visite pour les plus connus, un enchantement permanent.
Fréquemment perchés sur des promontoires naturels ou des mottes artificielles, les places fortes s'élèvent à l'origine autour d'hermétiques donjons, et se ceignent de murs imposants, parfois de douves, derrière lesquels vient au Moyen Âge se réfugier la population terrifiée par les guerres ou par les bandes armées qui écument la contrée.

Lorsque la région s'apaise enfin et que se développe le vignoble, dans le sud du Périgord les propriétaires enrichis émaillent le paysage d'élégants petits châteaux, comme Bridoire ou Panisseau, à l'architecture dictée par un souci d'une défense plus sophistiquée, qui répond aux nouveaux besoins de l'artillerie.

L'esthétique et le confort

*Parallèlement se construisent au XVI*e *siècle des châteaux de plaisance inspirés par ceux de la Loire, comme aux Milandes, avec des logis dissymétriques, des salles de réception, des fenêtres à meneaux. La Renaissance éclaire de larges baies des enceintes jusque-là seulement percées de meurtrières. Routes et vallées se sécurisant, l'agrément devient au fil des siècles l'élément principal, au détriment des austères défenses. Les procédés importés de la Renaissance*

Un meuble de la chambre de Charles V, au château de Bourdeilles.
(Photo Semitour Périgord, Jean Grelet)

À gauche : ***Un escalier du château des Milandes.***

Comtes et barons

Les seigneurs des baronnies du Périgord – Beynac, Biron, Bourdeilles, Mareuil – ont toujours rivalisé d'orgueil et d'arrogance. Plus puissants en théorie mais toujours menacés par les quatre ambitieux, les comtes ne leur cédaient en rien dans ce domaine.
Charlemagne érige en 779 le Périgord en comté afin que la royauté puisse y trouver un puissant relais en cas d'invasion, ce qui s'avère pourtant inefficace pour endiguer les ravages normands. Charles le Chauve décide donc de confier un commandement beaucoup plus étendu au comte Vulgrin, qui s'empresse de fonder une durable dynastie, les Taillefer, dont les membres ne se privent plus de proclamer leur indépendance vis-à-vis de la royauté déliquescente. « Qui t'a fait roi ? » ose même lancer le comte Aldebert Ier à Robert le Pieux. Cela devait mal finir, cela finit mal en effet. A force de trahisons et d'exactions pendant la guerre de Cent Ans, le comte Archambaud V est condamné par le parlement de Paris à la destitution et à la confiscation de ses biens. Son fils Archambaud VI, qui sera le dernier représentant de la lignée du comte Vulgrin, assiégé dans son château de Montignac, se rend après deux mois de résistance.

À droite : ***Dans une salle du château de Biron, le décor du film « Les Visiteurs II ».*** (Photo Semitour Périgord, Jean Grelet)

À gauche : ***Le château de Hautefort, en version carte postale colorisée.*** (Coll. Monique Sclaresky)

On construira moins au XIXe siècle, même si de charmantes bâtisses de cette epoque se rencontrent aussi dans la région, par exemple à La Durantie, ou bien à Rastignac, etonnant double de la Maison Blanche. Le néo-gothique n'imposera ses extravagances qu'en peu d'endroits du département, comme à Montaigne, relevé après un incendie.
Aujourd'hui bichonnés par des industriels fortunés parfois étrangers, ou par les descendants de lignées prestigieuses qui peinent à colmater les trous dans la toiture, les châteaux du Périgord connaissent des fortunes diverses, certains s'étiolent dangereusement, d'autres rayonnent à nouveau et s'accommodent fort bien des coutumes modernes.

italienne par François Ier pénètrent les provinces, les moyens financiers s'accroissent, beaucoup de châteaux adoucissent leur allure militaire, se remplissent de meubles rares et d'objets d'art. Puyguilhem s'orne de balustrades ouvragées et de fantaisies sur ses toitures, à Losse la Vézère reflète les ouvertures du nouveau castel Renaissance, la cheminée de Bannes se pare de somptueux motifs... Si l'on conserve les donjons, comme référence à la puissance du seigneur, on les aménage pour y habiter. Des tours basses encadrent les bâtiments, les escaliers complexes et les éléments décoratifs abondent. La lumière et la vie ont pris possession des châteaux.
Puis des pavillons d'angle Grand Siècle agrandissent les bâtiments pour toujours davantage de confort résidentiel, comme à Campagne. A Hautefort, l'architecture classique s'harmonise aux éléments Renaissance.

Un salon du château de Montréal. (Photo Château de Montréal)

La Dordogne Est, falaises et châteaux

C'est aux environs de Cazoulès, serrée entre les flancs rugueux de collines dégarnies qui ne se résignent pas à se dépouiller des ambiances du Quercy, que la rivière Dordogne, encore maigrelette, aborde le département Dordogne. Quelque petite route que vous empruntiez, en montant vers Orliaguet ou Borrèze, vous sentirez que la nature a le cœur qui balance en permanence entre Lot et Périgord. Au détour d'un vallon perdu escorté de courtes falaises ou de denses étendues de chênes, vous pourrez goûter le bonheur d'une halte dans une ferme-auberge, où se mêlent gaiement autour d'une table d'hôtes des accents de tous horizons.

FÉNELON ET MONTFORT

À Carlux, village escarpé surplombé par un château qui tente vaille que vaille de maintenir un semblant d'orgueil dans son donjon ruiné, il faut absolument vous égarer sur un chemin sinueux, dont chaque virage fait naître des envies de pique-nique. Ce chemin conduit aux jardins de Cadiot, où d'emblée vous

Page de gauche
Le village de Castelnaud-la-Chapelle et son château, avec Beynac en arrière-plan.

Jardin anglais ou potager, plusieurs types de jardins se côtoient avec bonheur à Cadiot.

La maison des Contes

Près de Saint-Julien-de-Lampon, à la maison des Contes du Périgord, vous croiserez peut-être le conteur Daniel L'Homond. De sa voix profonde qui semble naître des plus lointains échos de la vallée, il vous apprendra à vous méfier de la Vielha, perfide vieille qui attire au fond de l'eau les enfants assoiffés. Vous préférerez sans doute, avec le Sent Rémédi, qui donne son nom à de nombreuses fontaines guérisseuses, vous « entourer l'âme d'êtres à aimer ».

Trois enceintes pour Fénelon dont une double concentrique bien conservée.

accueille, contrairement aux habitudes, un ravissant potager qui prouve en toute humilité que le beau et le bon savent se conjuguer. Une succession de différents jardins, fruits de la philosophie et de la persévérance du couple Decottignies, combine à merveille les aspirations artistiques de Bernard et la science botanique d'Anne-Marie.

De l'autre côté de la rivière, à Sainte-Mondane, le château de Fénelon, protégé par trois redoutables enceintes, règne aujourd'hui sur une forêt touffue, n'ayant désormais nul besoin de surveiller les vallées de la Dordogne et de la Bourianne du haut de son promontoire. L'occupation du lieu est très ancienne, comme l'attestent un sarcophage mérovingien découvert dans un souterrain, ou les tombes celtiques qui parsèment les bois alentour.

La colossale patience des bâtisseurs du XIVe siècle a permis de creuser le rocher pour asseoir cette forteresse, relevée à la Renaissance de belles lucarnes sculptées de style gothique flamboyant et d'une cour d'honneur cernée par un cloître rehaussé d'une agréable galerie. Un puits de 90 mètres perfore la roche jusqu'à une rivière souterraine. Le sinistre pourfendeur de cathares Simon de Montfort s'y livra à un de ses passe-temps favoris : il y précipita toute la garnison de Fénelon. Les lignes racées du château n'ont pas été altérées par des

restaurations intempestives, et l'intelligente réhabilitation entreprise depuis quelques années a remis en valeur le splendide équilibre architectural. Les pièces ont été remeublées autour de la personnalité du plus célèbre hôte du lieu, l'archevêque François de Salignac de la Mothe-Fénelon, le « Cygne de Cambrai », né en 1651 dans cette demeure familiale avant de devenir le précepteur du duc de Bourgogne, petit-fils de Louis XIV. On peut encore admirer une tapisserie qui ne trouve son équivalent qu'au musée du Prado. Elle retrace un des épisodes des *Aventures de Télémaque*, l'ouvrage majeur de Fénelon.

Le château de Fénelon présente un mélange harmonieux d'architecture militaire et d'agrément.

Sur un éperon rocheux creusé de cavités, se découpent les formes biscornues de conte de fées du château de Montfort.

Plus à l'ouest vous attendent les maisons de Montfort – aucun rapport avec l'homonyme susnommé, qui a sévi également ici –, groupées autour d'un autre château à l'élégante posture, au pied duquel se tord indolemment le cingle du même nom, cette boucle d'eau si caractéristique. Vous culminerez au-dessus du château de Montfort après avoir traversé le pont de Groléjac, et emprunté la route de Vitrac, qui vous en offre un point de vue inégalable. Au passage, faites un détour par les jardins d'Eau de Carsac, où vous lierez connaissance avec nénuphars et lotus, en un dépaysement certain.

Un autre itinéraire, moins encombré, peut vous permettre d'admirer les murs de Montfort, maintes fois assiégés et rebâtis, sous un angle original. Restez du côté sud de la Dordogne et prenez la route de Cénac, puis tournez vers le hameau de Turnac, où les maisons ont été restaurées

avec amour. À la Ferme de Turnac, les oies se répandent en cancans avant de faire don de leur inestimable foie. Toute la chaîne de transformation est ouverte au public. Continuez sur le chemin communal qui longe la ferme et vous conduit jusqu'aux rives de la Dordogne. Vous comprenez alors pourquoi tant de poètes ont vécu un chamboulement d'âme devant certains paysages périgourdins. La rivière est ici chaperonnée de falaises ocre couronnées de verdure, et le château de Montfort se mire dans l'onde paisible. L'hymen est magnifiquement consommé entre la nature et l'histoire humaine.

En reprenant la route de Cénac, alors qu'au loin déjà Domme se drape dans la voile bleue du ciel, vous côtoyez la chapelle troglodytique de Caudon. De l'autre côté de la route, des sentes abruptes escaladent la colline, longent des entrées de cavernes et vous entraînent vers de nouveaux panoramas. Ne gardez trop longtemps le nez en l'air, les à-pics succèdent sans crier gare aux rideaux de châtaigniers.

Nénuphars et lotus s'épanouissent dans l'eau des jardins de Carsac.

Sarlat, la ville à remonter le temps

Sarlat-la-Canéda n'est que la troisième ville de Dordogne par le nombre d'habitants, mais c'est sans doute celle qui est le plus fréquemment associée au Périgord dans l'esprit de la plupart des gens extérieurs au département.
À l'écart du progrès et des grandes voies de communication, Sarlat doit paradoxalement à ce repli sur elle-même ses succès économiques actuels, basés sur la promotion d'un patrimoine architectural intact qui, outre celui des touristes, fait le bonheur des cinéastes en mal de décors authentiques. Profitant au départ de la loi Malraux pour s'offrir un lifting salvateur, la ville a su mettre en valeur ses atouts, s'habillant de beaux pavés, de chaleureux éclairages, telle une véritable scène théâtrale, elle qui justement accueille en été un des plus importants festivals français, le festival des Jeux du Théâtre, créé en 1951.

L'hôtel Plamon et l'hôtel de Vassal.

Du Moyen Âge au XVIIIe siècle

Difficile de dresser un catalogue exhaustif des attraits de Sarlat, tant chaque rue, chaque place, chaque cour, chaque détail architectural est un régal pour les yeux, dans un ensemble piétonnier résolument tourné vers l'hospitalité. Au débouché d'un passage biscornu, il est toujours loisible de dénicher une galerie d'art un peu moins aguichante que le tout-venant, ou une coquette terrasse de restaurant, même si les échoppes saisonnières de restauration rapide gagnent dangereusement du terrain. Ici, dès vos premiers pas vers l'office de tourisme, vous vous sentirez plongé dans un dépaysant bain d'histoire, puisque l'immeuble qui l'abrite est l'ancien Évêché, surmonté d'une galerie Renaissance italienne. Riches maisons, hôtels particuliers se succèdent à Sarlat, en une profusion raffinée. La marche des siècles s'y reflète souvent verticalement : rez-de-chaus-

Lauzes et tuiles plates forment la séduisante mosaïque des toits de Sarlat.

Des guetteurs de tout poil.

sée médiéval, étage gothique ou Renaissance, fuliage classique. La maison native de La Boetie, philosophe au destin météorique – il est mort à trente-trois ans – mais à la plume visionnaire, présente une façade finement sculptée. Le Présidial avec ses deux grandes baies et son singulier lanternon, l'hôtel de Grézel et sa façade à colombages, l'hôtel de Génis remanié au XVIIIe siècle, l'hôtel de Maleville et son portail orné de médaillons, l'hôtel de Vassal et sa double échauguette, l'hôtel Plamon avec ses baies gothiques et son escalier... et tant d'autres édifices à l'immuable élégance attendent que votre regard escalade leurs harmonies de pierres jusqu'à leurs toits pentus de lauzes. Mais à Sarlat, même les maisons d'apparence plus modeste distillent un charme enjôleur, comme ces logis aux murs trapus qui s'appuient sur les lourds vestiges des remparts.

À Sarlat, chaque détail
est un cadeau pour le regard.

Autour d'une abbaye

Si l'entrelacs de ruelles possède un cachet inestimable, pour s'offrir un peu de recul sur les façades ciselées, rien ne vaut d'arpenter les places, place du Marché-aux-Oies où le café de Jacky Porret vous régalera du plus franc des casse-croûte, ou place de la Liberté, surtout les jours de marché, lorsque ce lieu préservé bruit d'une vie neuve, embaumée des parfums locaux.

Au nord de la place de la Liberté se dresse l'église Sainte-Marie, il y a peu encore toute décatie, heureusement restaurée et modernisée dans le respect du passé en marché couvert par un célèbre enfant du pays, Jean Nouvel. Un ascenseur y élève certes votre esprit vers les cieux, mais vous offre avant tout un panorama imprenable sur la mosaïque des toits.

La restauration de la cathédrale Saint-Sacerdos lui a rendu la blondeur de ses pierres.

L'édifice religieux le plus fameux de Sarlat reste la cathédrale Saint-Sacerdos, à elle seule un livre d'histoire de la ville. Développée à la fin du XIIIe siècle autour d'une abbaye bénédictine qui abritait les reliques de saint Sacerdos, évêque de Limoges, Sarlat s'émancipe en 1299 de la tutelle religieuse et dès lors est administrée par des consuls. Prospère ville de

L'église Sainte-Marie, réhabilitée par l'architecte Jean Nouvel.

foires, elle est comme beaucoup d'autres emportée par la tourmente de la guerre de Cent Ans, dont elle sort exsangue. Reconstruite grâce aux privilèges accordés par Charles VII en reconnaissance à sa résistance aux Anglais – même si ceux-ci l'avaient finalement conquise –, Sarlat renoue avec son opulence au XVe siècle, où la bourgeoisie érige les bâtiments qui en font aujourd'hui la renommée.
Saint-Sacerdos, promue cathédrale en 1317, vient de faire elle aussi l'objet d'une monumentale restauration.

Ce cœur de la cité, qui présente des éléments datant du roman comme du XVIIIe siècle, abrite des orgues classées et un abondant mobilier. Une allée extérieure conduit au jardin des Enfeus, ces intrigantes niches percées dans un mur, où reposaient les notables. Au-dessus se découpe l'énigmatique silhouette de la Lanterne des Morts, tourelle chapeautée d'un cône, que l'on dit construite en commémoration du passage de saint Bernard, le bénisseur de pain, ou bien fanal jadis allumé pour signaler le décès d'un personnage de marque.

Les imperturbables gardiennes de la place du Marché-aux-Oies.
(Photo H. Brunaux)

À droite, la Lanterne des Morts.

Un petit tour côté ouest

Si la Traverse, grande rue commerçante, a tronçonné au XIXe siècle le secteur historique au profit de la partie orientale, vous pouvez avec bonheur la traverser après vous être extirpé de la cohue estivale, pour découvrir des lieux plus calmes mais tout aussi intéressants. La farandole des hôtels particuliers s'imprimera à nouveau sur votre rétine déjà privilégiée : hôtel de Ravilhon, hôtel Monméja, hôtel de Saint-Clar…

Maisons à colombages, délicieuses impasses, même s'il est un peu boudé des touristes, ce côté-ci de la vieille ville ne rompt pas l'unité générale.

N'ayez crainte de retourner sur vos pas, peut-être vous égarerez-vous dans un frais passage ou buterez sur un portail baroque dont vous n'aviez pas soupçonné l'existence, tant il est vrai que Sarlat est un de ces endroits rares où l'on peut sans se lasser tourner en rond pendant des heures.

Folies plastiques

Au village de La Canéda, rattaché à Sarlat, l'artiste Pierre Shasmoukine prouve que l'on peut vivre au quotidien dans la ville historiquement la mieux conservée, tout en tentant de fertiles incursions dans l'art contemporain. Le vaste espace de la galerie Za et le village onirique Gorodka-Magika vous font pénétrer dans un monde parallèle d'où sont exclues normes et rationalité.

Ciné-Sarlat

Dès que sur un écran pointe l'épée d'un mousquetaire, bringuebalent les roues d'un carrosse, sourdent les remugles d'une louche gargote moyenâgeuse, scrutez le générique du film, il est probable que vous y dénichiez le nom de Sarlat dans la liste des lieux de tournage. *Le Capitaine Fracasse* d'Alberto Cavalcanti, *Le Tatoué* de Denys de la Patellière, *Les Duellistes* de Ridley Scott, *La Fille de d'Artagnan* de Bertrand Tavernier, tous ont plébiscité les décors sarladais. Il semble alors naturel qu'y ait vu le jour un festival de cinéma, d'autant que Cadouin, près de Sarlat, est le village natal du cinéaste Louis Delluc, dont on a donné le nom à un prix convoité.

Dans une ville que la famille Vialle, propriétaire du Rex, avait rendu amoureuse du septième art, s'installe au départ un festival audiovisuel servant de support à l'option cinéma du lycée Pré-de-Cordy. Il prend une considérable ampleur au début des années 90 avec l'arrivée à sa tête de Joëlle Bellon, productrice et mécène. Si les vedettes y affluent maintenant, le festival de cinéma de Sarlat continue cependant de privilégier aux paillettes l'ouverture vers les scolaires.

L'acropole de Domme s'élève au-dessus des brumes de la Dordogne.

DOMME L'ENCHANTERESSE

Evoquée par des écrivains comme François Augiéras, qui y repose humblement, ou Henry Miller, qui pensait du haut de ses falaises découvrir une approximation du paradis, Domme s'offre par des portes fortifiées, porte del Bos ou porte des Tours, selon qu'on arrive de Cénac ou de Vitrac. Dans la porte des Tours subsistent des graffitis qui disent la souffrance des Templiers incarcérés là au début du XIVe siècle.

Domme, bastide française construite de 1283 à 1310 sur la volonté de Philippe III le Hardi qui lui concéda le privilège de battre sa propre monnaie, vous séduira par son élévation stratégique, qui lui confère en nos temps pacifiés le rôle d'un immense belvédère. Tout au long de la promenade de la Falaise, le Périgord s'embrasse en visions multipliées, qui rassasient le regard de Beynac à Montfort. À 150 mètres au-dessus de la Dordogne, on peut alors avoir une pensée pour le capitaine huguenot Geoffroy de Vivans qui avec ses hommes, en 1588, escalada de nuit la barre rocheuse réputée infranchissable, avant d'ouvrir les portes de cette acropole.

« La Porte des Tours », par Marius Hubert-Robert (« L'Illustration », 1927).

Grâce à sa situation particulière, Domme ne souffre pas de la monotonie géométrique qui souvent caractérise les autres bastides. La déclivité permanente, les petits escaliers ou les passages étroits qui relient les ruelles pimentent la promenade. De rue en rue, de placette en placette, l'unité architecturale ne se dément pas. Parfois les maisons s'éclairent de fenêtres gothiques, comme celle du Batteur de Monnaie du Roy, place de la Rode (la roue des supplices), construite en 1282. Une échauguette s'accroche à la Maison du Gouverneur, place de la Halle, où vous pouvez déguster un verre du vin de Domme, qui renaît en alertes bouquets.

La végétation s'invite aussi pour varier les ambiances : des branches de tilleul émergent d'une terrasse insoupçonnée, des iris colorent le faîte d'un vieux muret, aux pierres chaudes s'accrochent des rosiers, les balcons s'empourprent de géraniums.

Pour déjouer les touffeurs de l'été, il faut vous rendre sous la halle du XVIIe siècle, où commence la visite de la grotte du Jubilé, attachante curiosité par son inscription dans le ventre même de la cité médiévale, davantage que par ses concrétions abondantes mais abîmées.

Près de la halle, le musée des Arts et Traditions populaires retrace l'histoire de la vie quotidienne des Périgordins.

À partir de Domme, vous pouvez plonger vers des villages aux habitations souvent soigneusement rénovées, comme Saint-Pompon, Daglan, Bouzic.

Si vous aimez les jardins fleuris, poussez jusqu'aux abords du Lot, à Florimont-Gaumier. Au lieu-dit La Daille, vous découvrirez des mixed-borders insouciants de la roche qui affleure, tout en dégustant le thé de Barbara Brown.

Des fenêtres gothiques éclairent certaines maisons de Domme.

En revenant le long du Céou, vous apprécierez la rafraîchissante compagnie du ruisseau. À Saint-Cybranet, un nouveau jardin vous attend, L'Albarède, qui confirme qu'une ténacité éclairée parvient à faire éclore plantes et légumes des terres les plus ingrates.

Dans cette direction, vous êtes tout près de retrouver la vallée de la Dordogne, cette fois à l'ouest de Domme, où chaque hectomètre scintille de joyaux architecturaux ou naturels. Mais auparavant, faites un petit tour au château classique de Lacoste, dont le parc offre un point de vue exclusif à l'intersection des deux vallées.

Dans la Porte des Tours, à Domme, subsistent les gravures de Templiers qui y furent enfermés entre 1307 et 1318.

La Dordogne, au pied du château de Castelnaud.

CASTELNAUD LE GUERRIER

Le prochain château que vous allez croiser inaugure une série éblouissante. C'est Castelnaud, imposant seigneur de la guerre, dont les créneaux usés découpent l'azur, face au rival historique, Beynac, qui toise son vis-à-vis depuis la rive opposée de la Dordogne. Le village de Castelnaud-la-Chapelle se range en gradins au pied de son puissant protecteur. Du premier édifice, pris en 1214 par le démolisseur Simon de Montfort, il ne reste rien. En 1259, le nouveau château passe sous la coupe anglaise, jusqu'en 1273, où la lignée des Castelnaud en reprend possession. De cette époque ont été conservés le donjon carré et la courtine. Opiniâtres conquérants, les Anglais réinvestissent les lieux durant la guerre de Cent Ans, alors que Beynac, lui, penche plutôt vers l'escarcelle française. Ils seront définitivement chas-

Parmi les pièces du musée de la Guerre de Castelnaud, cet orgue du XVIe siècle, monté sur un affût reconstitué d'après un dessin de Léonard de Vinci, possède 12 canons.

sés de Castelnaud en 1442. Pendant les guerres de Religion, la réputation du batailleur Geoffroy de Vivans, qui y est né, le préservera des agressions. Après avoir subi quelques modifications au cours des siècles suivants, le château est progressivement abandonné après la Révolution, jusqu'à servir de carrière de pierre. Dès 1966 et son classement par les Monuments historiques, ses propriétaires se sont lancés dans des campagnes de restauration avisées, qui lui ont permis de retrouver sa superbe, et d'abriter un très complet musée de la Guerre au Moyen Âge. On y croise trébuchet ou bombarde, qui, à la grande joie des enfants, lancent des projectiles aujourd'hui inoffensifs. Arbalètes, canons, armures, armes d'hast, la collection de Castelnaud impressionne par son exhaustivité. La visite libre est un modèle de pédagogie, sans que soit altéré l'âpre mystère qui enveloppe le lieu.

Pour vous détendre un peu après cette martiale immersion, l'écomusée de la noix, à travers une promenade dans les noyeraies et des expositions de produits dérivés, vous délivrera tous les secrets d'un fruit intimement lié à la cuisine du Périgord.

Sur cette rive sud de la Dordogne, l'émerveillement ne faiblit pas avec la silhouette du château de Fayrac, trapue et biscornue à la fois. Vous êtes sur la route qui mène aux Milandes. Bâti par François de Caumont, seigneur de Castelnaud, à l'initiative de son épouse, cet autre château Renaissance reste profondément empreint du souvenir de Joséphine Baker. Dans le parc du château planté de magnolias centenaires se produisent, ailes et serres déployées, les rapaces de la fauconnerie.

Le château des Milandes, marqué par la Renaissance.
(Photo Château des Milandes)

Joséphine Baker et sa « tribu arc-en-ciel ».
(Coll. Château des Milandes)

Les larmes de Joséphine

Sur les dépliants touristiques, le nom de Joséphine Baker est devenu indissociable du château des Milandes. Pourtant, l'histoire d'amour se termina de façon sordide entre le lieu magnifique et la célèbre artiste. Expulsée de son domaine par suite de graves problèmes financiers, elle résista jusqu'au bout, fusil à la main... Avant les larmes, il y eut les innombrables joies des Milandes, qu'elle achète en 1947. Son mariage avec Jo Bouillon est célébré dans la chapelle du château. Généreuse et courageuse, Joséphine se bat sa vie durant contre le racisme et l'intolérance. Elle adopte des enfants de toutes origines, sa « tribu arc-en-ciel », et crée aux Milandes le « Village du Monde et de la Fraternité ».
Toute la visite du château est aujourd'hui dédiée à la saga de la star américaine, des salles de bains étincelantes aux affriolants costumes de scène.

Le fort troglodytique et le manoir de Tarde, à La Roque-Gageac, village vertical.

À droite
Un étonnant jardin exotique agrémente les ruelles escarpées de La Roque-Gageac.

L'église de La Roque-Gageac, érigée sur le rocher.

MAISONS EN CASCADE

Passé le pont de Castelnaud-la-Chapelle, vous êtes sur la rive nord, constellée de sites fameux. Si les cliquetis des épées se sont tus dans ces parages, les altercations démocratiques s'y sont substituées, entre les partisans d'une « voie de la vallée » pour fluidifier les processions routières, et leurs opposants qui jugent que la construction d'une route et de ponts supplémentaires défigurerait ce cadre resplendissant.

En attendant que la question soit tranchée, préparez vos rétines à de puissants impacts de beauté. Celle d'abord qui, de l'eau à la falaise, recouvre chaque parcelle du village de La Roque-Gageac, depuis le château XIXe de la Malartrie jusqu'à l'église bâtie sur le roc, en passant par le vieux manoir qui abrita Jean Tarde, érudit ami de Galilée. Les maisons, séparées par des venelles tortueuses à souhait, y cascadent en touches dorées vers la Dordogne colorée de canoës et de gabares reconstituées, qui ont troqué leurs cargaisons marchandes contre l'accueil des touristes, pour de lentes balades au fil de l'eau. À La Roque-Gageac, on vous proposera même de prendre une céleste hauteur en grimpant à bord d'une nacelle de montgolfière.

Un ancien scientifique de l'O.C.D.E., profitant du microclimat qui transforme le village en « petit Nice du Périgord », y a implanté un jardin exotique. Près du fort troglodytique de La Roque, vestige de la résidence secondaire des évêques de Sarlat, fusent entre les interstices rocheux d'exubérantes bougainvillées. Au milieu des yuccas et des agaves, les bananiers étendent leurs palmes à l'ombre douillette.

À faible distance, dans un genre tout différent, un autre jardin prolongera votre quête de bucolique sérénité. Le parc de Marqueyssac est un véritable royaume du buis, puisqu'on en recense plus de 150 000 qui

Atterrissage d'un ballon des « Montgolfières du Périgord » près de La Roque-Gageac.

Le dédale de buis du château de Marqueyssac.

Au fond, le château de Castelnaud, aperçu depuis le parc de Marqueyssac.

Le château féodal et le village de Beynac, par Marius Hubert-Robert (« L'Illustration », 1927).

moutonnent au gré de l'inspiration des jardiniers. Tracé au XIXe siècle par Julien de Cerval, tombé amoureux des ambiances italiennes au cours d'une campagne militaire, il fut restauré à partir de 1996, jusqu'à recouvrir aujourd'hui plus de 20 hectares, où la nature maîtrisée se fond graduellement dans les sous-bois de chênes et de charmes. L'emplacement de ces jardins implantés sur un immense vaisseau rocheux offre aussi l'avantage, au niveau du Belvédère de la Dordogne, d'un panorama inégalé, qui captive le regard au gré des multiples tableaux.

Vers l'est en longeant la Dordogne, hissez-vous jusqu'au château de Beynac, aux rigoureux contours. Intacte vigie de la vallée, il défie par-delà les siècles de combat son ancien ennemi intime Castelnaud. Au pied de la falaise qui soutient le château, se coudoient les premières maisons du village. Elles s'étagent en un ensemble d'une telle cohésion qu'à l'image de La Roque-Gageac, Beynac-et-Cazenac, où vécut Paul Eluard, est considéré comme un des plus beaux villages du Périgord, sinon de France.

Le château, siège d'une des quatre baronnies du Périgord, a comme Castelnaud subi les brutales vicissitudes de l'Histoire. Assiégé par Richard Cœur de Lion à la fin du XIIe siècle, il fut pris et démantelé au début du XIIIe par le spécialiste de ces besognes, l'envahissant Simon de Montfort, pour une fois avec grande ruse, la force se révélant impuissante contre ce château fort protégé au sud par un décourageant à-pic, et par une double enceinte, deux rangées de douves et deux barbacanes au nord. A notre époque, on est toujours impressionné par l'altière autorité du donjon carré. À l'intérieur du château, vous admirerez notamment la grande salle des États où se réunissait la noblesse du Périgord.

Le village de Beynac héberge aussi un musée de la Protohistoire et un parc archéologique où, à l'aide de reconsti-

lutions, on rend justice à la riche civilisation celte, trop souvent caricaturée.

Si vous continuez votre route vers l'est, le relief s'estompe et de nouveaux attraits relaient l'implacable majesté des falaises. Des jardins, toujours, et toujours proposant d'infinies variétés d'ambiances. À La Bourlie (Urval) la douceur des compositions pare les abords du château de topiaires redécouvertes, aussi bien que de vives plates-bandes. À Planbuisson (Le Buisson-de-Cadouin), Michel Bonfils voue une passion inextinguible à son peuple de bambous, qui s'élancent en liberté au milieu d'autres graminées empanachées.

Dans la même commune, les grottes de Maxange ont récemment été aménagées pour valoriser un abondant concrétionnement, en particulier de gracieux panneaux d'excentriques.

Avant d'atteindre Limeuil, port-carrefour qui veille aux destinées désormais emmêlées de la Dordogne et de la Vézère, ouvrez l'œil, partout alentour se dissimulent castels privés, villages charmants où semble dans chaque pierre se concentrer l'esprit du Périgord.

L'allée de topiaires du château de La Bourlie, à Urval

Graminées du jardin de Planbuisson, au Buisson-de-Cadouin.

La halle de Domme et la maison du Gouverneur.

En bas
Les cornières de Monpazier.

La paix des bastides

Si le sud de la Dordogne, terre de fracture entre Anglais et Français, a payé lors de la guerre de Cent Ans un lourd tribut à des affrontements terriblement plus sanglants que ceux du Tournoi des Six Nations, on trouve aujourd'hui un charme typique aux bastides, bourgades construites à l'époque sous la pression de rivalités encore larvées.

*Le mariage d'Aliénor d'Aquitaine avec Henri Plantagenêt, futur roi d'Angleterre, fait tomber au XII*e *siècle le Périgord dans le giron anglo-saxon. Après la mort de Richard Cœur de Lion, fils d'Henri, Jean sans Terre, son frère, obtient les rênes du duché d'Aquitaine, qu'il se fait très vite confisquer par Philippe Auguste, récemment monté sur le trône à Paris. La croisade contre l'hérésie cathare, voulue par le pape Innocent III, le mal nommé, et menée en Occitanie par Simon de Montfort, permet d'affirmer la mainmise capétienne. Pourtant, l'influence des Plantagenêts continue à se faire sentir chez certains seigneurs périgordins, et si Périgueux prend parti pour la couronne de France, dans le Bergeracois, où les Anglais se sont rapidement réinstallés, on ne tarde pas à se rallier au traité d'assistance mutuelle signé entre le nouveau roi d'Angleterre, Henri III, et le comte de Toulouse. On est à l'époque encore loin de parler de mondialisation, mais déjà les intérêts économiques prennent le pas sur les élans patriotiques, puisque cet accord ouvre toutes grandes les portes de l'exportation aux vins de Domme et de Bergerac, qui descendent la Dordogne.*

Des villes frontières

Le traité de paix signé entre Saint Louis et Henri III confirme l'influence anglaise sur les terres situées entre les rivières du Dropt et de la Dordogne, ce qui renforce le caractère frontalier du sud périgordin. Les bastides – « bastidas » en occitan, villes neuves – poussent alors aussi vite que les villes du Far West, pour affirmer les positions des signataires qui se regardent en chiens de faïence des deux côtés de l'incertaine démarcation.

Avec des rues à angle droit séparant des parcelles régulières en pourtour d'une vaste place, les bastides se développent parfois autour d'une église fortifiée, comme à Beaumont. Elles garantissent par contrat aux colons qui s'y installent certaines prérogatives comme l'exemption du service militaire, le droit à l'héritage, la liberté civile, l'assurance de ne payer que les impôts utiles à leur communauté.

Après maints accrochages entre les deux camps et de courtes campagnes, comme celle de Charles de Valois en 1294, qui réaffirme qu'en Aquitaine le roi de France demeure le suzerain du roi d'Angleterre, insécurité et tension gagnent cette région instable par nature, et les deux partis entreprennent au début du XIVe siècle de fortifier certaines bastides, comme Domme, unie à Philippe le Bel. En 1325, les Anglais sont une nouvelle fois chassés du Périgord, au cours d'opérations menées en représailles au manque de docilité d'Edouard II envers le roi de France.

Splendeur ou décadence

Certaines ont disparu, d'autres ne subsistent que des ruines, quelques-unes ont traversé les siècles en préservant leur intégrité. Voici la liste des bastides du Périgord : Beaulieu (près de Sigoulès, disparue), Beaumont-du-Périgord, Beauregard-et-Bassac, Bénévent, Bonneval (près de Fossemagne, disparue), Castelréal (près d'Urval, seule survit une petite tour), Chassaing (près de Nailhac, quasiment disparue), Domme, Eymet, Le Fleix, Fonroque, Lalinde, Lisle, Lunas, Molières, Monestier, Monpazier, Montignac-le-Petit (près de Montpon-Ménestérol), Peypicou (près de Saint-Cassien), Puyguilhem, Roquepine, Saint-Aulaye, Saint-Barthélemy-de-Bellegarde, Saint-Barthélemy-de-Goyran, Saint-Louis-en l'Isle, Saint-Pompon, Tocane-Saint-Apre, Vergt, Villefranche-de-Lonchat, Villefranche-du-Périgord.

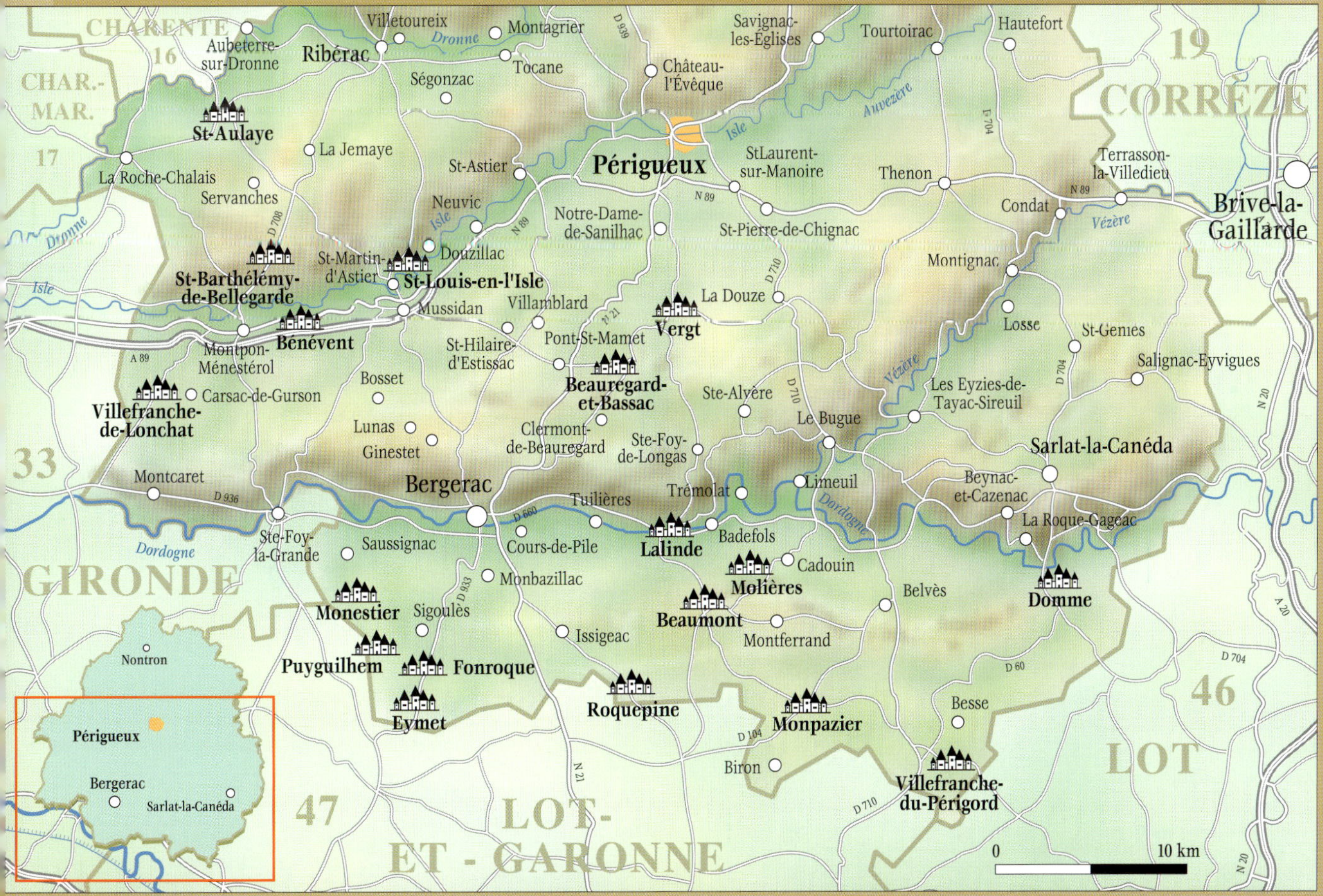

Villefranche-du-Périgord, la plus ancienne bastide du département, et sa halle où se tient le fameux marché aux cèpes.
(Photo Office du tourisme)

Le Périgord, exsangue, retombé sous tutelle anglaise, assommé d'impôts par le Prince Noir, est libéré par le du d'Anjou, frère du roi, et le connétable Du Guesclin, qui inflige à Eymet, en 1377, une déroute au sénéchal de Bordeaux Thomas Felton.

La stabilité retrouvée est de courte durée, et les hosti lités anglo-françaises reprennent au début du XVe siècle, synonymes de retournements incessants des villes périgordines, jusqu'en 1450 et la recon quête de Bergerac. La guerre dite de Cent Ans achevée avec la défaite anglaise à Castillon le 17 juillet 1453, aura en fait duré plus d'un siècle, laissant derrière elle une immense désolation.

L'interminable guerre

Mais c'est Edouard III qui va précipiter le pays dans la guerre de Cent Ans, en refusant de reconnaître à Philippe VI la légitimité à porter la couronne de France. Il s'ensuit de terribles années de troubles permanents, sanglants et ruineux, aggravés par la monstrueuse Peste noire.

La place centrale de Monpazier, exceptionnellement conservée.

Des beautés apaisées

Ce n'est pas d'aujourd'hui qu'on admire le panorama depuis l'esplanade de Domme.
(Coll. M. Sclaresky)

Au rappel de cette sinistre époque, on mesure mieux le bonheur que l'on éprouve à musarder sur les places de ces superbes bastides enfin apaisées. Une trentaine des bastides édifiées à partir de 1255 le sont en Périgord. Elles connaîtront chacune des destins inégaux, et pour quelques gloires des circuits touristiques, comme Domme ou Monpazier, qui se souvient des murs de Beaulieu, Bonneval, ou Chassaing ? Celles qui ont résisté à l'usure du temps offrent des plaisirs homogènes. Les places géométriques pétillent les jours de marché, ou paressent sous le soleil d'été, invitant à savourer un verre à l'ombre de leurs galeries latérales percées de cornières (arcades). Les ruelles rectilignes s'étirent nonchalamment, bordées de maisons si bien restaurées qu'elles semblent enveloppées d'une inaltérable beauté.
Monpazier, Domme, Beaumont-du-Périgord, Eymet, sont les plus visitées et les mieux conservées, mais vous pouvez vous égarer délicieusement dans les recoins de la coquette Molières, flâner sous les halles rustiques de Villefranche-du-Périgord et de Beauregard-et-Bassac, ou dans les jardins de Lalinde au-dessus de la Dordogne.

La Dordogne Ouest, bastides et vignobles

Après son annexion de la Vézère, si la Dordogne se rebelle une dernière fois en amples contorsions pour dessiner, aquatique dos de chameau, les cingles de Limeuil et de Trémolat, elle va dès lors épouser un destin de notable à la fluviale prestance, jusqu'au bec d'Ambès, où elle unira ses derniers remous aux eaux de la Garonne.

Mais pour ses ultimes lacets en Périgord noir, la rivière met un point d'honneur à dispenser quelques offrandes. Après avoir profité d'un

Page de gauche
Les maisons qui entourent la place centrale de Monpazier n'ont rien perdu de leur caractère gothique.

Le cingle de Trémolat.

L'impressionnante abbaye fortifiée de Paunat, du XIIe siècle.

exquis point de vue sur le cingle de Trémolat depuis le belvédère de Rocamadou, vous prendrez la direction du petit village de Paunat, dominé par une impressionnante abbaye fortifiée du XIIe siècle. Vous pouvez pousser l'incursion jusqu'au pays de la fraise, dont Vergt est la capitale, et vous attarder dans un manoir de Cendrieux, où un descendant de Napoléon a rassemblé une collection d'objets rares en rapport avec son illustre aïeul.

À droite
Le pont de Trémolat en construction.
(Coll. Ch. Le Corre)

Mouvements de jardin

Sur la commune de Fouleix, le « bois jardiné » de La Brande n'est jamais figé. Variant les thèmes et les plaisirs artistiques, des « rêves de cabanes » aux « êtres des bois et jardins », c'est un lieu vivant où « les choses naissent, meurent, apparaissent de nouveau », confie son créateur et animateur Philippe Burey.

BIRON L'ÉCLECTIQUE

Si vous optez pour la rive gauche du cours d'eau, vous ne rentrerez pas bredouille de votre quête esthétique, surtout si vous vous dirigez vers Cadouin, dont l'abbaye, fondée en 1115, fut longtemps le but d'un pèlerinage très prisé. Aliénor d'Aquitaine, Richard Cœur de Lion, Saint Louis venaient ainsi y vénérer une pièce de tissu importée d'Antioche, considérée, jusqu'à ce que la science s'en mêle, au grand dépit des marchands du temple, comme le saint suaire du Christ... Si l'antique étoffe, toujours conservée, a perdu son attrait d'icône, cela n'occulte en rien l'aspect majestueux de l'édifice, et de son cloître gothique richement décoré, chef-d'œuvre de l'art religieux.

Au sud-ouest de Cadouin, bifurquez vers Belvès, dont la ville ancienne, le « Castrum », qui surplombe de 100

Les galeries du cloître de Cadouin sont ornées de sculptures bibliques et profanes. (Photo Semitour Périgord, Jean Grelet)

Le cloître gothique de Cadouin a été édifié à la demande de Louis XI.
(Photo Semitour Périgord, Jean Grelet)

Le portail à triple voussure de l'abbaye cistercienne de Cadouin.

mètres la vallée de la Nauze, offre à ciel ouvert des ruelles médiévales propices à d'agréables flâneries, mais abrite également en ses entrailles d'étonnantes maisons troglodytiques, habitées de la préhistoire à la Révolution.

Encore au sud, se dresse l'imposant Biron, plus vaste château du Périgord, éponyme d'un village aux jolies maisons qu'il domine paternellement. Biron fut le siège d'une des quatre baronnies du Périgord, indissociable des puissants seigneurs de Gontaut-Biron. Il ne possède pas l'allure militaire d'un Beynac ou d'un Castelnaud, mais tire son charme de l'extravagante et pourtant harmonieuse compilation d'architectures successives. On pourrait presque lire, gravée dans sa pierre, l'histoire de tous les conflits qui ont secoué la région. En fait s'imbriquent ici plusieurs châteaux dont les constructions s'échelonnent du XIIe au XIVe siècle, avec des aménagements Renaissance, et même des retouches

Bâti sur une butte naturelle, l'imposant château de Biron.
(Photo Office du tourisme de Monpazier)

dues à Viollet-le-Duc, au XIXe siècle. La chapelle, qui renferme les luxueux tombeaux de ses bâtisseurs Pons et Armand de Gontaut-Biron, se distingue particulièrement par ses deux nefs superposées et sa voûte d'ogives.

Si vous êtes attentifs, vous pourrez peut-être apercevoir, le 14 juillet à minuit, l'inconsolé Charles de Gontaut-Biron, guillotiné après avoir trahi son ami Henri IV, et qui depuis promène inlassablement sa tête sur les remparts du château...

Hommage à d'autres disparus, le monument aux morts de Biron, œuvre de l'artiste allemand Jochen Gerz qui fait se rejoindre histoire et art contemporain, est habillé de poignantes citations des habitants du village.

La halle de Cadouin.

La charpente en châtaignier et les mesures à grain de la halle de Monpazier.

À Monpazier, l'architecture est parfaitement homogène.

LES PAYS LINDOIS ET BEAUMONTOIS

En rejoignant Biron, vous pouvez vous arrêter à Villefranche-du-Périgord, éclat d'architecture dans une dense forêt qui fournit en merveilles automnales le fameux marché aux cèpes. Cette première bastide française du Périgord conserve une halle aux puissants piliers et quelques maisons des XIIIe et XIVe siècles. On y visite aussi la maison du Châtaignier, des Marrons et des Champignons.

La proche église de Besse arbore un étonnant portail à trois voussures sculptées.

Dans cette partie de la Dordogne, qui délaisse peu à peu les collines boisées du Périgord noir pour s'alanguir dans les plaines viticoles du Périgord pourpre, on rencontre maintes belles bastides. Monpazier, d'abord, près de Biron, est la plus remarquable par son plan en damier typique, et sa place aux grâces cinématographiques, autour de laquelle se pressent des maisons du XIIIe siècle, qui dévoilent leurs dessous en frais passages échancrés de cornières. Sur la place, la halle du XVIe a conservé ses mesures à grain qui permettaient de

L'église Saint-Front, à Beaumont-du-Périgord, impressionne par son système défensif digne d'un château.

Le bar du subjonctif

Au bar de l'Hôtel de Londres, quelques passionnés, avec à leur tête Alain Bouissière – alias Alain-Parfait du Subjonctif –, décidèrent un beau jour grammatical, que les vénérables pierres de Monpazier méritaient qu'en leur présence on parlât correctement à l'heure de l'apéro. Ils partirent donc en croisade pour réhabiliter l'usage du passé simple et de l'imparfait du subjonctif, convoquant même au comptoir les mânes de Léon Bloy pour une rescousse musclée : « La haine de l'imparfait du subjonctif ne peut exister que dans le cœur d'un imbécile. »

L'église-forteresse de Saint-Avit-Sénieur a beaucoup souffert pendant la guerre de Cent Ans et les guerres de Religion.

calculer taxes et impôts. Dans ce village, insensible aux flétrissures de l'âge, chaque ruelle mérite une visite, mais on peut particulièrement s'attarder devant la façade de la maison du chapitre, percée d'élégantes baies géminées. C'est à Monpazier que naquit l'écrivain-aventurier Jean Galmot, héros du roman de Blaise Cendrars, *Rhum*.

Côté bastide de charme, Beaumont-du-Périgord le dispute à Monpazier, avec son plan en forme de H, en l'honneur du roi d'Angleterre Henri III, sa place à cornières et sa porte du Luzier, dernière survivante des seize portes initiales. À Beaumont, l'attention est avant tout captée par l'église des XIIIe et XIVe siècles, mélange unique d'architecture militaire et gothique à l'époustouflant portail.

Un autre exemple d'église fortifiée est visible à Saint-Avit-Sénieur. 60 mètres de longueur, 31 de hauteur, elle s'avance telle une étrave colossale dans le ciel. Construite en souvenir de l'ermite Avit, retiré dans la vallée au VIe siècle, elle possède une nef à trois travées séparées par des piliers saillants.

Quelques beaux éléments subsistent des bâtiments monastiques de Saint-Avit-Sénieur.

Devant l'église de Molières, vous attend le vannier du village.

Dans la vallée de la Couze, la silhouette élégante et trapue du château de Bannes.

Dans le secteur, les villages de Montferrand-du-Périgord et de Sainte-Croix-de-Beaumont valent un coup d'œil pour leurs maisons de caractère, leurs églises et leurs vestiges de châteaux. N'oubliez pas non plus le dolmen du Blanc, à Nojals-et-Clottes, d'une telle envergure qu'il suggère une allée couverte.

Autre imposante église avec son clocher carré, celle de la minuscule bastide de Molières, havre de paix niché au cœur de la forêt de la Bessède.

Non loin, douce étape sur les bords de Dordogne, Lalinde ne présente plus guère de traces de son architecture de bastide, mais s'impose surtout en point d'équilibre de ce pays lindois, encore trop méconnu en regard des richesses qu'il recèle. À partir de Lalinde, des circuits variés – pédestres ou cyclistes, renseignez-vous auprès du syndicat d'initiative – vous enchanteront, en vous faisant découvrir un fourmillant patrimoine, fontaines, puits, lavoirs, croix, cluzeaux, pigeonniers... Vous pourrez aussi profiter des frais abords du canal, ou vous reposer, après une escapade à flanc de colline, dans les « Fauteuils des rois », taillés dit-on à

Papier artisanal du moulin de Larroque.

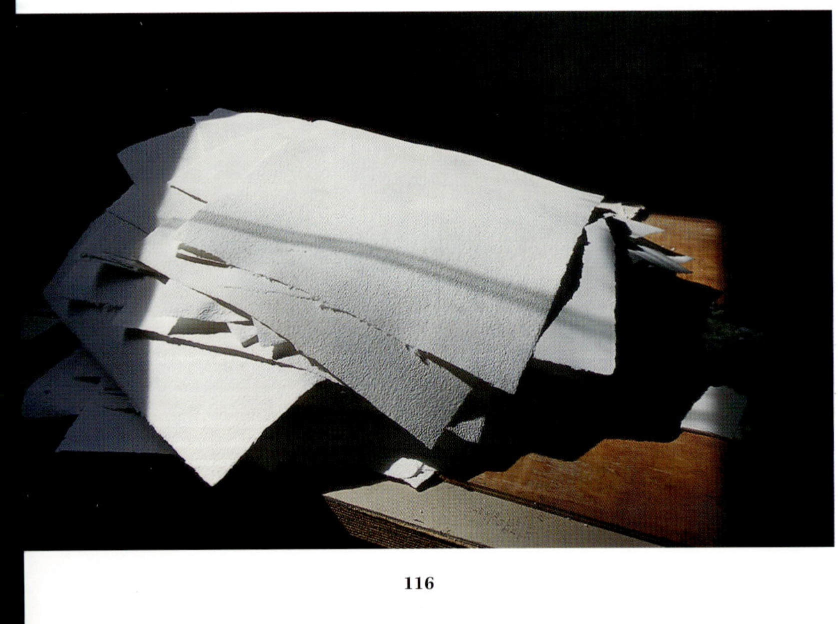

L'architecture du château de Lanquais a été inspirée par le Louvre.

Le Coulobre

Si, d'humeur insouciante, vous descendez la Dordogne en canoë, méfiez-vous des soubresauts du Coulobre. C'est ce dragon qui aurait d'un coup d'aile endommagé la tour gallo-romaine de Vésone, avant d'être chassé de Périgueux par l'évêque Front. Il vint alors se réfugier en face de Lalinde, dans une cavité rocheuse, et terrorisa les habitants du pays lindois. Pour y faire front, justement, on eut une fois de plus recours au providentiel évêque, qui assomma – ou chassa par un signe de croix, selon les versions – l'insupportable créature, la faisant couler à pic. Il subsiste de cette légende une chapelle et son petit cimetière perchés sur la falaise, point de vue superbe sur Lalinde.

même le roc par les seigneurs médiévaux pour surveiller leurs terres.

Un peu à l'ouest de Lalinde, à Couze-et-Saint-Front, traversez la rivière, vous accéderez ainsi à l'une des plus belles vallées du Périgord, celle de la Couze, qui conduit à Beaumont. Outre ses trésors préhistoriques souvent ignorés du « grand public », elle est rehaussée par le château de Bannes, qui, sur son assise rocheuse, marie l'aspect défensif de ses tours à la légèreté d'éléments Renaissance.

Le château de Lanquais, à l'ambiance italienne, a lui aussi parfaitement réussi cette étonnante combinaison, avec un pavillon Renaissance qui se donne des airs de « petit Louvre ». Sa grange dîmière restaurée accueille maintenant des concerts.

Mais avant Bannes et Lanquais, à la sortie du pont de Port-de-Couze, vous pénétrez dans le royaume du papier. Dès le XVe siècle, les moulins à papier se pressaient sur la Couze, réputée pour la pureté de son eau. Le papier prenait alors principalement la direction des Pays-Bas. Aujourd'hui, le seul moulin qui réussisse à maintenir une activité commerciale authentique est celui de Larroque. Pour une visite didactique, préférez l'écomusée du moulin de la Rouzique, où les bras du ruisseau s'enfuient sous les bâtiments en bouillonnants murmures. À travers les interlats (ou interlacs), soleil et lune se donnaient rendez-vous pour jaunir le papier, dont le séchage incombait aux femmes. Vous assisterez à la demande à des démonstrations de fabrication et admirerez une collection de papiers filigranés du Périgord.

L'écomusée de la Rouzique.

Coll. Ch. Le Corre

Fantôme ou renaissance des gabares dans le port de Bergerac ?

Bergerac, porte du Sud

L'histoire de Bergerac est marquée par l'omniprésence de la rivière-fleuve. Mieux vaut prendre vos précautions et lui accoler le mot fleuve, lorsque vous évoquez la Dordogne – que sur les bancs de l'école primaire on vous apprenait n'être qu'une rivière, certes ample, mais une rivière tout de même – si vous ne voulez froisser aucun Bergeracois. Certains habitants de la sous-préfecture auraient tôt fait de vous démontrer par un raisonnement scientifique mâtiné de poésie roublarde, que la Dordogne n'est pas un affluent de la Garonne, puisque dans l'estuaire, les eaux de la Dordogne et de la Garonne ne se mélangent pas mais se côtoient dignement jusqu'à l'océan, telles deux éminences fluviales qui se respectent et traitent d'égale à égale. Cette parenthèse patriotique refermée, il n'est qu'à se rendre au musée du Vin, de la Batellerie et de la Tonnellerie pour mesurer l'importance du… cours d'eau dans la vie bergeracoise. Intimement associées, ces activités ont fait la prospérité d'une ville qui roulait ses barriques jusque sur les gabares, portées vers l'océan par la « Rivière Espérance » (en référence au roman de Christian Signol et au feuilleton télévisé qui s'en inspira), et relayées par des vaisseaux qui cinglaient en direction de la Hollande ou de l'Angleterre pour humecter le gosier de riches commanditaires. À la « remonte », le transport du sel contribuait à la fortune de Bergerac.

La cité, au Moyen Âge, s'appuie sur la construction d'un pont, et sur des privilèges commerciaux obtenus en 1255, pour se développer, avant d'être elle aussi tragiquement ballottée entre les camps anglais et français pendant la guerre de Cent Ans. Reconstruite à la fin de la guerre, elle redevient un important port qui fait la transition entre l'Auvergne et le Bordelais. La nouvelle bourgeoisie de négociants et de commerçants est très tôt sensible aux idées de la Réforme, ce qui causera à Bergerac bien des désagréments lors des guerres de Religion, et peut expliquer qu'elle n'ait pas conservé un patrimoine artistique aussi riche que ceux de Périgueux et Sarlat. Il faudra attendre l'époque moderne pour que vigne et tabac relancent à nouveau son économie.

Le cloître des Récollets.

Les maisons à colombages

« Mais maintenant – qui me dira/depuis quand ? – les quais s'effondrent./Hélas ! coule la rivière./Hélas ! amour qui t'en vas vite,/vers Bordeaux qui a des bateaux/et Blaye plus de gabares. » Si en 1952 le poète Bernard Lesfargues invoque avec nostalgie l'époque de leur rayonnement, les quais bergeracois ont désormais retrouvé, à défaut d'effervescence batelière, une flegmatique élégance. La ville est à leur image, elle descend en pente douce vers la Dordogne, drapée de pierres aux teintes de miel, dans un urbanisme aéré qui laisse à chaque maison le loisir de respirer.

La grâce, si rare en Périgord, de ces maisons à colombages où les « briquous », briques d'argile, sont assemblées avec du torchis, justifie à elle seule la flânerie dans le vieux Bergerac. De la plus ancienne, située rue des Fargues, émane une émouvante fragilité, tout illusoire, puisqu'elle tient quand même debout depuis le XVIe siècle. La présence de ces maisons à pans de bois s'explique par celle des charpentiers et des tonneliers, les « barricayres », qui travaillaient le bois transporté par la Dordogne des régions plus à l'est pour les besoins navals et viticoles, mais aussi urbains.

L'ensemble du vieux Bergerac, aujourd'hui joliment réhabilité, est vraiment digne que l'on s'y attarde avec gourmandise, à l'affût de charmantes découvertes, comme la maison de Charles IX, flanquée d'une tourelle, qui aurait accueilli en 1565 Charles IX et sa mère, Catherine de Médicis.

Les maisons à colombages du vieux Bergerac.

N'omettez pas de rendre une visite au cloître des Récollets, et à ses colonnes soutenant des galeries en bois où vous pourrez peut-être, avec un peu de conviction, apercevoir le fantôme fugitif de la belle Roxane, muse de l'inévitable Cyrano, sur la statue duquel vous tomberez… nez à nez, place de la Myrpe.

Un nez usurpateur

Une grande partie de la notoriété du nom de Bergerac est bâtie sur une imposture littéraire. Menus de restaurants, noms d'échoppes ou de cinémas, communication touristique, tout semble ici chanter la gloire de ce Cyrano, écrivain-soldat attiré par la Lune, mais originaire d'un Bergerac totalement étranger au Périgord. Le leurre est pourtant si brillant sous la plume d'Edmond Rostand, que Bergerac mérite bien sans doute une lyrique indulgence pour son icône au nez illustre.

La tradition du tabac

Parmi les édifices religieux, l'église Saint-Jacques, ancienne chapelle du XIIe siècle, avec sa tour-clocher au balcon de bois, domine la fontaine de la place Pélissière, qui tire son nom de tanneries disparues. Près des boulevards qui entourent le cœur de la ville, l'église néo-gothique Notre-Dame – construite par Paul Abadie, architecte de la rénovation de la cathédrale Saint-Front – vaut le coup d'œil surtout pour sa flèche de 80 mètres et les peintures italiennes qu'elle recèle.

Outre le musée du Vin, de la Batellerie et de la Tonnellerie, d'autres musées sont aussi à Bergerac dignes d'attirer vos pas, comme le musée d'Art sacré, le musée d'Histoire urbaine, et surtout le musée du Tabac installé dans la maison Peyrarède. On y mesure en permanence que Bergerac, porte du Sud caressée d'effluves indolents, aspire à conjuguer des traditions qui se meurent et la valorisation d'atouts porteurs de belles promesses pour l'avenir.

La flèche de Notre-Dame culmine à 80 mètres au-dessus du marché.

La maison des Vins

Le cloître des Récollets abrite la maison des Vins, et dans son caveau de la Vinée ont lieu sur fond de pourpre et d'or les intronisations des consuls. Les moines récollets (religieux franciscains réformés) détenaient le privilège des bans des vendanges. Ce bâtiment, dont certaines fenêtres laissent avec délices le regard vaguer sur les coteaux de Monbazillac, abrite un moderne laboratoire d'œnologie. Il est donc à la fois le témoignage de la splendeur passée de Bergerac et de son dynamisme actuel pour promouvoir « l'autre grand vignoble d'Aquitaine », dont elle est la capitale.

L'église Saint-Jacques, si ancienne, selon la légende, que Charlemagne lui aurait fait don d'un morceau de la vraie Croix.

Séchage du tabac chez monsieur Fénelon.

L'herbe à Nicot

La culture du tabac a joué pendant très longtemps un rôle fondamental dans l'économie de la Dordogne, en particulier du Bergeracois. Bergerac abrite d'ailleurs l'Institut du Tabac de la Seita. Il était donc fondé qu'on lui consacrât un musée.
Le musée du Tabac et d'Histoire de la Ville présente des œuvres d'art évoquant le tabac et les fumeurs, des documents sociologiques, de passionnantes collections de pipes de toutes matières et toutes formes, sobres ou richement sculptées…
Auréolé de vertus curatives, magiques ou rituelles, le tabac est connu depuis des millénaires. Introduite chez nous en 1556 par André Thevet, qui en sema des graines ramenées d'Amérique du Sud dans son jardin d'Angoulême, puis en 1561 par l'ambassadeur de France au Portugal, Jean Nicot, qui pensait qu'elle guérirait les migraines de Charles IX, cette plante s'imposa dès le XIXe siècle en Périgord et en Quercy. Même si les campagnes antitabac lui ont porté de rudes coups, beaucoup de Périgordins gardent encore dans un recoin de leurs souvenirs d'enfance l'image et l'odeur de ces hauts hangars de bois, sous lesquels pendouillaient sagement de larges feuilles qui bronzaient en séchant.

De vastes étendues de vignobles dans le Bergeracois.

À Issigeac, on célèbre le panier.

LA VIGNE AU POUVOIR

Entre Port-de-Couze et Bergerac, signalons les efforts culturels de Creysse, village perforé par la très fréquentée D 660. Un aquarium présente trente-cinq espèces de poissons vivant dans la Dordogne, du saumon au poisson-chat, en passant par la lamproie, et rappelle que, tout proche, le barrage de Tuilières comporte un ascenseur à poissons. Jouxtant l'aquarium, un musée de la préhistoire, pédagogique et ludique, familiarise avec le site acheuléen de Barbas (- 145 000 ans), et permet même au visiteur de passer à l'action préhistorique en grattant, rainurant, coupant, perçant, sciant... Au fond du musée, une salle salue le fleuron pourpre du pays, le pécharmant, et rappelle la très ancienne implantation de la vigne en Bergeracois.

Pécharmant... Le gouleyant sésame est lâché... À partir de Creysse vous abordez de vastes étendues de terres où la vigne prend le pas sur la forêt. Elles encerclent Bergerac de noms de domaines prestigieux. Vous aurez l'embarras du choix pour les visites de châteaux, mais mieux vaut pencher vers un amalgame entre le plaisir de la dégustation et celui de la découverte d'édifices remarquables. Dans cette optique, pour le fameux pécharmant, n'omettez surtout pas Tiregand. Le maître des lieux, Pierre de Saint-Exupéry, est un personnage haut en couleur, qui, les mains dans la terre et la tête dans des rêves de beauté champêtre, virevolte de ses chais bâtis en 1668 à son château qui contemple la Dordogne.

Au sud de Bergerac, règne le nectar à la robe d'or, le blanc liquoreux monbazillac. Vous saurez tout sur le phénomène en visitant le château du même nom, qui domine la sous-préfecture de sa silhouette Renaissance. Dans les caves du château, le regard s'enivre de flacons aux reflets précieux. Au rez-de-chaussée, une des salles retrace l'histoire du protestantisme local.

Dans de nombreux autres beaux édifices comme La Jaubertie, château offert par Henri IV à sa maîtresse Gabrielle d'Estrée, ou Panis-

seau, manoir bâti au XIIIe siècle, vous pourrez comparer les mérites des rouges, des blancs secs ou autres rosés. Au rustique château de Sanxet, ancienne garderie du roi pendant la guerre de Cent Ans, Bertrand de Passemar se fera un plaisir de vous ouvrir son souterrain-chai et son… musée automobile, qui regorge de pièces uniques, comme la Casimir Ragot Spéciale, modèle de course de 1930 construit à Bordeaux, une Jowett Jupiter de 1951 immortalisée par le crayon d'Hergé, ou l'imposante Cord d'Al Capone, modèle de 1929.

Cette partie du Périgord, moins montueuse que le reste du département, respire la douceur de vivre avec ses petites routes qui serpentent nonchalamment entre vignobles impeccables, bourgeoises demeures et bosquets verdoyants. On y traverse Issigeac, village médiéval qui conserve des maisons à pan de bois et glorifie le panier lors d'une foire de la vannerie, ou Eymet, bastide fondée en 1270 par Alphonse de Poitiers, qui consacre en été au Moyen Âge un festival plein de vitalité.

Saga Africa

Le château de Bridoire, qui resplendissait encore il y a quelque cinquante ans au soleil de Ribagnac, va-t-il se relever de sa lente agonie ? Ces dernières années, sous l'impulsion d'une association de sauvegarde, des signes encourageants semblent le faire espérer aux plus optimistes.
En 1978, l'édifice est vendu à une société immobilière sénégalaise dirigée par un ambassadeur du Bénin auprès de l'Unesco. Le diplomate joue les hommes invisibles depuis 1982. Le lierre et les ronces engloutissent mur après mur, créneau après créneau. Boiseries rares, portes ouvragées, brûlent pour réchauffer des squatters et enrichir des aigrefins de la brocante.
En 1992, première lueur d'espoir : un décret de classement d'office de Bridoire en Monument historique est promulgué.
De rebondissement en rebondissement, l'opiniâtreté des passionnés de l'association fait entrevoir le bout du tunnel. Ces derniers redonnent à Bridoire la force de renaître un jour de ses cendres. En 2001, l'État a enfin lancé une procédure d'expropriation. Le temps presse, chaque jour qui passe est un outrage à la beauté du château.

En haut :
La bastide d'Eymet et sa place des Arcades.

Le château de Monbazillac, inchangé depuis le XVIe siècle.

Un autre vignoble d'Aquitaine

La noble douceur d'un verre de monbazillac.

Si elle se concentre dorénavant principalement dans le Bergeracois, ce Périgord devenu « pourpre », la culture de la vigne relève en Dordogne de lointaines traditions, et fut particulièrement développée par les Romains, qui non contents d'inonder la région de leurs amphores vinaires, s'appliquèrent à multiplier méthodiquement les ceps prodigues.
Au Moyen Âge, gagnant des arpents en défrichant les forêts, ce sont surtout les abbayes, friandes de vin pour emplir les calices, qui perpétuèrent cette culture. La vigne élut progressivement un asile privilégié dans la vallée de la Dordogne. Les consuls de Bergerac délibéraient avec les jurats de la maturité du raisin. Descendant la Dordogne, d'innombrables tonneaux de vin de Bergerac ou de Domme filaient déjà sur le chemin fructueux de l'exportation. Les Hollandais, surtout, étaient adeptes – et le restent – de blancs liquoreux, et firent très vite un accueil chaleureux au monbazillac à la robe dorée. On a d'ailleurs retrouvé au fond de la Manche, dans l'épave d'un bateau hollandais, des bouteilles de monbazillac de... 1747. Le plus surprenant, c'est que leur conservation à une température fraîche et à l'abri de la lumière avait préservé leur délicate saveur. Comme quoi, le poids des ans ne saurait altérer un grand vin...

Les ravages du phylloxéra

À la fin du XIXe siècle, le perfide phylloxéra traversa l'Atlantique pour ravager les verts alignements du Périgord, dont plus de 80 % ne se relevèrent jamais, entraînant dans leur déchéance une bonne partie de l'économie agricole.
Sur les souvenirs fumants de cette gloire vinicole, seul le Bergeracois eut le courage et les moyens de répondre au défi du renouveau. Après quelques errements, les viticulteurs ont ces dernières années mis résolument le cap sur la qualité, en se structurant – avec la création du Conseil interprofessionnel des vins de la région de Bergerac – et en sollicitant le partenariat d'œnologues de renom. Les résultats sont aujourd'hui probants, les « nez » du monde entier commencent à humer sérieusement le bouquet des flacons périgordins. Maintenant la gastronomie n'est plus orpheline de crus du terroir à la hauteur de sa réputation. Les vins du Bergeracois refont enfin écho au poète Ausone, consul et vigneron, qui en vantait l'excellence au premier siècle de notre ère.

Les appellations

Les vins du Bergeracois, rouges, rosés, ou blancs, sont regroupés sous douze A.O.C. Chacune reflète un terroir complexe et subtil, et provient d'un fécond mélange de cépages : sémillon, sauvignon ou muscadelle pour les blancs ; cabernet franc, merlot, sauvignon et malbec pour les rouges.
Dans la famille des vins rouges, les bergeracs et les côtes-de-bergerac sont produits sur tous les cantons du vignoble et peuvent se consommer jeunes, alors que le pécharmant, séduisant au point d'être parfois comparé au saint-émilion ou au pomerol, ne développe tous ses arômes qu'après plusieurs années de vieillissement.
Parmi les vins blancs secs, on trouve des bergeracs, qui peuvent avantageusement se déguster à l'apéritif ou accompagner des fruits de mer, et surtout des montravels, goûtés par Montaigne.
Les vins blancs moelleux regroupent les côtes-de-bergerac, les haut-montravel, les côtes-de-montravel, les vins de Rosette à la robe légèrement paillée, et les saussignacs, appellation récente et prometteuse.
Mais la star des vins du Bergeracois, malgré les progrès de ses cousins, demeure le monbazillac, vin blanc liquoreux au bouquet puissant qui illumine les caves de miroitements d'or. Onctueux, parfumé, ce vin sublime aussi bien les foies gras que les viandes blanches, les poissons que les desserts. À Monbazillac, on encourage les pustules duveteuses qui colonisent le raisin, car comme à Sauternes, ici la pourriture, fille des brumes matutinales, est dite noble. Elle augmente la teneur en sucre du raisin, et les « tries » (les vendanges) s'échelonnent dans le temps, afin de ne cueillir à chaque passage que les grains à « surmaturation ». Pour le plus grand plaisir de nos palais, on revient depuis peu aux vendanges manuelles, après un nuisible détour loin des méthodes traditionnelles.

Dans une tour ronde de son château, Montaigne commença la rédaction de ses « Essais » en 1572.

LE SOUVENIR DE MONTAIGNE

En rejoignant l'est du Bergeracois, vous traverserez les terres du saussignac, vin blanc moelleux que l'on peut situer entre le bergerac et le monbazillac. Rabelais avait fait de Saussignac le lieu de résidence des moines Lurs, aux extravagantes méthodes guerrières.

Lorsque la Dordogne joue les frontières avec le Lot-et-Garonne avant d'accepter l'hospitalité girondine, les gloires locales deviennent les vignes du montravel, vin blanc sec, ou celles des côtes-de-montravel et du haut-montravel, vins blancs moelleux. Le montravel était particulièrement prisé par le philosophe humaniste Michel Eyquem de Montaigne. On peut encore avec un certain recueillement, à Saint-Michel-de-Montaigne, visiter la tour où il écrivit les *Essais*. Il s'y retranchait pour trouver solitude et quiétude. Au dernier niveau, les poutres de la « Librairie » sont ornées de maximes latines patinées par le temps, comme si l'esprit de l'illustre habitant continuait à méditer dans cette pièce qui surveille tous les accès au domaine.

Dans ce sud-ouest périgordin, « pays de Montaigne et Gurson », si la campagne se donne des allures de villégiature girondine, la vigne et les blanches maisons viticoles n'épuisent pas tous les attraits du secteur. Vous vous en rendrez compte en visitant la bastide de Villefranche-de-Lonchat, les ruines de la forteresse de Gurson, et surtout le village de Montcaret, édifiant concentré architectural des occupations humaines successives. Des fouilles ont permis de dégager les vestiges d'une immense villa gallo-romaine, par endroits encore finement décorée de mosaïques, et recouverte en partie par une église romane qui arbore dans ses murs des chapiteaux antiques « recyclés ».

Pour un ultime aperçu des prodigalités de ce coin du Périgord, offrez-vous au printemps l'apaisante palette colorée des jardins de Sardy, à Vélines, où l'Angleterre s'étourdit de parfums méditerranéens autour d'un bassin foisonnant.

Dans la villa gallo-romaine de Montcaret, un bel ensemble balnéaire a été mis au jour.

Goûts d'ailleurs

Il arrive parfois qu'au détour d'une route, les clichés gastronomiques du Périgord soient mis à mal. Où l'on s'attendrait à se régaler des faveurs caprines d'un souple cabécou, on tombe nez à nez avec un incongru fromage de Hollande. Ceux qui défient ainsi avec brio la tradition locale sont membres de la famille Van der Horst, qui a investi une bâtisse du XVIII*e siècle dans les environs de Montcaret, et produit du fromage depuis les années 50. Edam et gouda sont ainsi devenus d'insolites habitués des marchés traditionnels de la région.*
Pas très loin, à Villefranche-de-Lonchat, la brasserie du Canardou fait fi des puissants vignobles qu'elle coudoie, pour produire diverses variétés de... bière, dont la très locale Félibrée.

Table des matières

Éditeur : Christian Ryo
Coordination éditoriale : Isabelle Rousseau
Conception graphique : Hokus Pokus
Mise en page : Studio des Éditions Ouest-France
Cartographie : Patrick Mérienne
Photogravure : Nord Compo à Villeneuve d'Ascq (59)
Prises de vue : MicroLynx à Rennes (35)
Impression : Pollina à Luçon (85) - n° L92817A

Édilarge SA, Rennes
ISBN 2 7373 2136 0
N° d'éditeur 4318.01.06.03.04
Dépôt légal : mars 2004
Imprimé en France